校企合作经管专业精品教材

互联网+活页式理念新形态教材

商务礼仪

主审　胡柳波

主编　李　莉　刘　芳

江苏大学出版社
JIANGSU UNIVERSITY PRESS
镇　江

内 容 提 要

本书主要介绍了商务礼仪的相关知识及其应用。全书共分五个部分，具体内容包括商务礼仪概述、商务形象礼仪篇、商务交往礼仪篇、商务会议与仪式礼仪篇、商务宴请礼仪篇。

本书内容全面，结构合理，讲述具体，语言通俗易懂，且设置了丰富的实践活动，能够帮助学生掌握商务礼仪的相关知识，并将其运用于实践，提高学生的礼仪修养。本书既可作为经济与管理专业学生学习礼仪知识的通用教材，也可作为社会各界人士学习礼仪知识的参考书。

图书在版编目（CIP）数据

商务礼仪 / 李莉，刘芳主编. -- 镇江 : 江苏大学出版社，2022.6（2023.8 重印）
ISBN 978-7-5684-1800-3

Ⅰ. ①商… Ⅱ. ①李… ②刘… Ⅲ. ①商务－礼仪 Ⅳ. ①F718

中国版本图书馆 CIP 数据核字(2022)第 061011 号

商务礼仪
Shangwu Liyi

主　　编 / 李　莉　刘　芳
责任编辑 / 柳　艳
出版发行 / 江苏大学出版社
地　　址 / 江苏省镇江市京口区学府路 301 号（邮编：212013）
电　　话 / 0511-84446464（传真）
网　　址 / http://press.ujs.edu.cn
排　　版 / 北京京华铭诚工贸有限公司
印　　刷 / 北京京华铭诚工贸有限公司
开　　本 / 787 mm×1 092 mm　1/16
印　　张 / 10.5
字　　数 / 243 千字
版　　次 / 2022 年 6 月第 1 版
印　　次 / 2023 年 8 月第 2 次印刷
书　　号 / ISBN 978-7-5684-1800-3
定　　价 / 39.80 元

如有印装质量问题请与本社营销部联系（电话：0511-84440882）

本书编委会

主　审　胡柳波

主　编　李　莉　刘　芳

副主编　赵文阁　张胜利　李爱兰　尹小光

朱晓婷　王树君

PREFACE 前言

随着社会经济的不断发展，现代商务活动日趋频繁，企业之间的商务往来越来越多，礼仪在商务往来中的作用日益凸显。越来越多的企业认识到，在竞争日益激烈的环境中，通过商务礼仪来提升企业形象和服务品质已成为在竞争中取胜的重要筹码。因此，企业对于员工礼仪修养的要求日渐提高。对于经济与管理专业的学生来说，除了掌握专业技能之外，熟悉商务活动中的各种礼仪礼节，并能够将其灵活运用于各类商务活动中也是必修之技。

基于此，我们本着"实用、够用"的原则，编写了《商务礼仪》一书。本书的编写紧紧围绕提升商务礼仪修养这条主线展开，将商务活动中的礼仪礼节融入学生的日常行为和将来的职业活动中，以帮助学生学习掌握商务礼仪知识，切实提高商务礼仪修养。

具体来说，本书具有以下特点。

素养培育，铸魂育人

党的二十大报告指出："育人的根本在于立德。"本书有机融入党的二十大精神，积极落实立德树人根本任务，以培养学生正确的价值观、人生观和世界观为己任，将责任意识、合作意识、传统美德、人文精神等素质教育元素有机融入正文内容和各个模块，以实现"润物细无声"的教育效果，潜移默化地提升学生的综合素养。

校企合作，协同育人

本书的编写是在一线双师型教师和企业专职人员的支持与参与下进行的，在体例设计、内容选取方面紧扣职业教育培养应用型人才的要求，坚持以实用为原则，特别注重理论与实践的结合，选取了大量与实际工作岗位相关的典型案例，使教学更加贴近行业和岗位的需要，有效增强了全书内容的职业属性，增强了实用性和针对性。

活页理念，体例新颖

本书在编写过程中融入活页式理念，通过明确的学习目标，让学生有针对性地进行相关学习；通过“实践训练”模块中形式多样的实践活动，帮助学生进一步巩固所学知识，提高应用能力。同时，本书在知识讲解中穿插了“礼仪故事”“礼仪训练营”“知识拓展”“小贴士”等体例，增强了本书的可读性、互动性、探究性及创新性，能促进学生积极思考、学以致用。

平台支撑，资源丰富

本书配置了丰富的微课资源，学生只需要拿起智能手机“扫一扫”，就能即刻看到相关的视频资料。这有助于增强学生对知识的感性认识，避免了单纯讲解的枯燥和呆板，从而增强了学习的趣味性。另外，师生可以登录文旌综合教育平台（www.wenjingketang.com）下载相关资源，在教与学的过程中若有任何疑问，也可以登录该平台寻求帮助。

图文并茂，易于理解

为了便于学生阅读和理解，本书穿插安排了大量精美的图片，用图文结合的方式来讲解商务礼仪的相关知识点，以激发学生学习的兴趣，加强学生对知识的感性认识。同时，在理论知识的讲解上力求少而精，做到行文流畅、简洁明快、易读易记。

本书由胡柳波担任主审，李莉、刘芳担任主编，赵文阁、张胜利、李爱兰、尹小光、朱晓婷、王树君担任副主编。在编写的过程中，我们参考了大量有关礼仪的文献资料，在此，向相关文献的作者表示诚挚的谢意。由于编者水平有限，书中难免存在疏漏与不当之处，敬请广大读者批评指正。

目录
CONTENTS

有礼有距——商务会议与仪式礼仪篇 /95

畅吃有法——商务宴请礼仪篇 /121

绪论

商务礼仪概述

引言

随着社会经济的不断发展，企业间的商务交往越来越频繁，礼仪在商务活动中的作用也日益突显。只有学好礼仪，并将其有效地运用在商务活动中，才能在各种商务活动中如鱼得水，得心应手。

那么，什么是商务礼仪，商务礼仪在商务活动中到底有哪些重要作用，在商务活动中运用商务礼仪时又该遵循哪些原则呢？基于以上问题，本项目从礼仪的概念讲起，介绍了礼仪的起源与发展，以及商务礼仪的概念、特点、作用和原则，从而为学生在商务活动中正确运用各类商务礼仪奠定基础。

学习目标

知识目标
ZHISHI MUBIAO

- 理解礼仪的概念，了解礼仪的起源和发展
- 理解商务礼仪的概念，了解商务礼仪的特点和作用
- 熟悉商务礼仪的原则

技能目标
JINENG MUBIAO

- 能够遵循商务礼仪的原则，在商务场合正确运用各类商务礼仪

素质目标
SUZHI MUBIAO

- 培养文明守礼的良好习惯，投身社会主义精神文明建设
- 通过阅读有关文明礼貌的故事或事例，培育和践行社会主义核心价值观

情景案例

礼仪就在细节中

国内某知名公司的董事长王先生，为拓展公司业务，准备寻找一个产品代理人。很多有着丰富商业经验的人前来洽谈合作事宜，但最终王先生选择了一个没有多少经验的年轻小伙子。王先生的朋友对他的决定有些不理解，于是问道：“那个年轻人胜在哪里呢？”

王先生说：“你看，他在进门前先蹭掉了脚上的泥土，进门后又先脱帽，并随手关上了门，这说明他很懂礼貌，做事很仔细；当看到那位老人时，他立即起身让座，这表明他心地善良，知道体贴别人；那本我故意放在地上的书，所有的来者都不屑一顾，只有他俯身捡起，放在桌上；当我和他交谈时，我发现他衣着整洁，头发梳得整整齐齐，指甲修得干干净净，谈吐温文尔雅，思维十分敏捷。这些细节反映了他的个人修养。因而，我能够放心地把产品交给他代理。”

思考

上述案例中，这个没有多少经验的年轻人通过哪些方面的礼仪打动了王先生？礼仪在商务活动中有哪些重要作用？

一、什么是礼仪

（一）礼仪的概念

礼仪是指人们在社会交往中共同遵守的表示尊重、友好的行为规范和准则。礼仪作为一种行为规范，体现着对他人的敬意与尊重，要求人们自觉遵守社会公共道德，自觉尊重他人和自己，自觉平等待人，自觉真诚守信，自觉注重仪表、谈吐；等等。

礼仪之邦

礼仪的内容非常丰富，具体表现在礼貌、礼节、仪表、仪式等方面。其中，礼貌是指人们在交往过程中表示敬重、友好的具体行为，如尊老爱幼；礼节是指人们在交往过程中表示尊重、问候、祝愿等的惯用形式，如握手等；仪表是指人的容貌、服饰、姿态等；仪式是指在特定场合举行的具有特定程序的活动，如开业仪式等。

礼仪故事

3 月 26 日傍晚，恰逢学生放学之际，慈溪市南二环快到孙塘路十字路口的斑马线上，3 名初中生一边向礼让行人的司机鞠躬，一边快速通过。这一举动，被司机的行车记录仪捕捉到。

据了解，当天下午放学时，3 人在路边等待过马路，很快就有几辆车停下了，他们一边鞠躬，一边小跑过去。“我们认为在过斑马线的时候，能为我们让行的车主很善良，我们要向他们鞠躬致谢。平时在家里、学校里，父母和老师都教我们要学会感恩，鞠躬是最基本的。”他们说。

车辆礼让行人，体现的是人情味，彰显的是城市文明。

（二）礼仪的起源与发展

1. 礼仪的起源

礼仪是人类文明的产物。从理论上讲，礼仪是为了维护秩序，避免发生矛盾和冲突的一种需要。人类为了生存和发展，不得不以群居的形式生活在一起。在群居生活中，群居成员之间的关系必须妥善处理，如如何进行劳动分工、如何分配食物等，由此产生了一系列的规则。这些由人们逐步积累和自然约定出的一系列规则，就是最初的礼仪。

从具体形式上讲，礼仪起源于原始社会中晚期的祭祀活动。这些活动是严格按照一定的程序和方式进行的。在历史发展中，这些活动中相应的规范和制度逐步完善，并最终产生了祭祀礼仪。随着人们对自然与社会关系认识的逐步深入，祭祀礼仪已不能满足人类日益发展的精神需要和现实关系调节需要。于是，人们将事神致福活动中的一系列行为扩展到了各种人际交往活动中，进而产生了社会各领域的各种礼仪。

知识拓展

握手礼的由来

在刀耕火种的时代，人类的祖先依靠群居打猎生存，充满着危险。当不同部落的人相遇时，为了表示善意和友好，一方会向对方伸出一只手，且手心向上，以此表示自己手中没有石头或武器；而另外一方若也心怀善意，则会走上前摸摸对方伸出的手，以示友好。这种源于安全交往的需要而产生的动作沿袭下来，便发展成了今天的握手礼。

2．礼仪的发展

从历史发展的脉络看，礼仪在中国的演变经历了6个阶段，即萌芽与草创时期、形成时期、发展与变革时期、强化与衰落时期、现代礼仪时期和当代礼仪时期。

（1）萌芽与草创时期。原始社会中晚期至公元前约2070年是礼仪的萌芽与草创时期。这个时期内，人类逐渐开化，并在群居生活中逐步积累和约定出一系列规则，进而促进了原始礼仪雏形的形成。例如，当时的人们已经注意到尊卑有序、男女有别，在席位安排上，长辈在上、晚辈在下，男子在左、女子在右等。

（2）形成时期。夏、商、西周时期（约公元前2070年至公元前771年）是礼仪的形成时期。这个时期内，周朝五礼（即吉礼、凶礼、军礼、宾礼、嘉礼）的确立代表着礼仪的基本形成。吉礼是指祭祀之礼；凶礼是指丧葬礼仪；军礼是指阅兵、出师等仪式；宾礼是指诸侯对天子的朝觐及诸侯之间的会盟等礼节；嘉礼是指婚礼、冠礼、饮食之礼、庆贺之礼等。

（3）发展与变革时期。春秋与战国时期（公元前770年至公元前221年）是礼仪的发展与变革时期。这个时期内，周朝的传统礼制出现了“礼崩乐坏”的局面，新的礼仪理论在孔子、孟子、荀子等思想家的推动下发展、革新。

（4）强化与衰落时期。从秦、汉朝至清朝末年（公元前221年至1911年）是礼仪的强化与衰落时期。这个时期的前期，尊君抑臣、尊夫抑妇、尊父抑子、尊神抑人的礼仪得到了强化；后期，随着清政府的腐败和西方礼仪的传入，古代礼仪盛极而衰。

（5）现代礼仪时期。从辛亥革命开始至中华人民共和国成立（1911年至1949年）是我国的现代礼仪时期。这个时期内，旧礼破新礼立，现代礼仪的帷幕被正式拉开，握手礼在中国逐渐流行。

（6）当代礼仪时期。中华人民共和国成立至今是我国的当代礼仪时期。这个时期内，我国的礼仪得到了全新的发展，各种礼仪逐渐规范并趋于完善。

政策引领

《新时代公民道德建设实施纲要》印发

2019 年 10 月 27 日，中共中央、国务院印发了《新时代公民道德建设实施纲要》（以下简称《纲要》），并发出通知，要求各地区各部门结合实际认真贯彻落实。

《纲要》的总体要求中提到“要把社会公德、职业道德、家庭美德、个人品德建设作为着力点。推动践行以文明礼貌、助人为乐、爱护公物、保护环境、遵纪守法为主要内容的社会公德，鼓励人们在社会上做一个好公民；推动践行以爱岗敬业、诚实守信、办事公道、热情服务、奉献社会为主要内容的职业道德，鼓励人们在工作中做一个好建设者；推动践行以尊老爱幼、男女平等、夫妻和睦、勤俭持家、邻里互助为主要内容的家庭美德，鼓励人们在家庭里做一个好成员；推动践行以爱国奉献、明礼遵规、勤劳善良、宽厚正直、自强自律为主要内容的个人品德，鼓励人们在日常生活中养成好品行”。

同时，《纲要》在“推动道德实践养成”中提到“充分发挥礼仪礼节的教化作用。礼仪礼节是道德素养的体现，也是道德实践的载体。要制定国家礼仪规程，完善党和国家功勋荣誉表彰制度，规范开展升国旗、奏唱国歌、入党入团入队等仪式，强化仪式感、参与感、现代感，增强人们对党和国家、对组织集体的认同感和归属感。充分利用重要传统节日、重大节庆和纪念日，组织开展群众性主题实践活动，丰富道德体验、增进道德情感。研究制定继承中华优秀传统、适应现代文明要求的社会礼仪、服装服饰、文明用语规范，引导人们重礼节、讲礼貌”。

二、什么是商务礼仪

（一）商务礼仪的概念

商务礼仪是指人们在商务活动中，为了塑造良好的个人和组织形象，以及表示对交往对象的尊重和友好而共同遵守的行为规范和准则。它是一般礼仪在商务活动中的具体体现和应用，是开展商务活动时必不可少的交流工具。

（二）商务礼仪的特点

商务礼仪具有普遍性、规范性、时代性、差异性和效益性等特点。

1. 普遍性

商务礼仪在商务活动领域内被人们共同认可、普遍遵守，且在全世界范围内几乎是通用的，如微笑、握手等。

2. 规范性

商务礼仪的表现形式具有一定的规范性，即对人们在商务活动中的言行举止确立了相应的标准。人们按照这种规范进行着装、言谈和行动，就能够在商务场合表现得得体恰当、彬彬有礼。

3. 时代性

商务礼仪不是一成不变的，它会随着时代的发展而不断地被赋予新的内容。例如，在快节奏的经济生活环境下，现代商务礼仪向简洁、务实的方向发展。

4. 差异性

不同文化背景下的商务礼仪在内容和形式上存在一定的差异。例如，不同国家或地区的人，其问候致意的形式不同，有的脱帽点头致意，有的手抚胸口致意，有的握手致意，等等。

5. 效益性

商务礼仪能够协调个人或组织与其商务交往对象之间的关系，促进双方的顺利合作，从而利于经济效益的提升。

（三）商务礼仪的作用

商务礼仪主要具有规范行为、塑造形象和表达情感的作用。

1. 规范行为

商务礼仪中的一系列行为准则和活动程序能够规范个人和组织在商务活动中的行为，使商务活动以更加体面和友好的方式进行。例如，在签字仪式上，按照商务礼仪程序进行操作，能够体现仪式的正规和隆重。

2. 塑造形象

正确规范地运用商务礼仪能够为商务人员塑造良好的个人形象，建立良好的商务关系，进而塑造良好的企业形象，提升企业的经济效益和社会影响力。例如，我国的许多企业通过统一企业标志、服装、色彩等，塑造企业统一的社会形象，也使员工自觉地维护企业形象。又如，有些企业通过开业庆典、周年纪念、表彰大会等仪式，激发员工对本企业的了解，加深员工对本企业的感情，增强企业的凝聚力和向心力。

3．表达情感

商务礼仪能够帮助商务人员在商务活动中通过服饰、言语、行为、表情等，更好地向交往对象表达自己尊重、敬佩、友好、善意等的情感信息，打开人际沟通的心理通道，增进彼此之间的了解和信任，为建立友好合作的商务关系，取得商务交往的成功提供保障。例如，商务人员通过面带微笑地与对方握手来传递“你好”或“很高兴见到你”的信息。

（四）商务礼仪的原则

商务礼仪的内容包罗万象，且在不同情况下的运用方法不同。因此，商务人员要想在纷繁复杂的商务活动中把握得体的礼仪尺度，充分发挥商务礼仪的作用，就必须掌握商务礼仪的基本原则。

1．注重形象原则

在商务交往中，人们往往根据对交往对象的第一印象来初步判断其修养和素质，且第一印象一旦形成就很难再改变。因此，商务人员在商务活动中一定要注重塑造良好的个人形象，以体现尊重自我和对交往对象的重视，给对方留下良好的印象。

2．尊重原则

尊重是商务礼仪的灵魂。在商务交往中，商务人员应将对交往对象的尊重放在首位，自己的言行举止千万不可伤害对方的尊严和人格。

3．真诚原则

在商务活动中，商务人员切记不可把商务礼仪当作一种伪装道具，待人口是心非、弄虚作假，而要以诚待人、言行一致、表里如一，发自内心地表达对交往对象的尊重和友好。

礼仪故事

刘备听说诸葛亮很有才识，遂带着礼物到隆中卧龙岗去请他出山辅佐。这天恰巧诸葛亮不在，只能失望而回。不久，刘备又和关羽、张飞冒着风雪第二次去请诸葛亮出山。不料诸葛亮又外出闲游去了。过了一些时日，刘备准备再去请诸葛亮。关羽说，诸葛亮也许是徒有一个虚名，未必有真才实学，不用去了。张飞却主张由他一个人去叫，如诸葛亮不来，就用绳子捆来。刘备把张飞责备了一顿，第三次去请诸葛亮。当他们到诸葛亮家时，已经是中午，诸葛亮正在睡觉。刘备不敢惊动他，一直站到诸葛亮自己醒来，才彼此坐下谈话。

刘备求才心切，三次登门请诸葛亮出山，其中也道出了“待人以诚”之道，这也是商务交往之需要。

4. 平等原则

商务人员在运用礼仪时，切不可因交往对象的年龄、性别、文化、职业、身份、地位、财富及其与自己的亲疏远近关系等而厚此薄彼、区别对待，而应该对任何交往对象都一视同仁，给予同等的礼遇。

5. 适度原则

商务人员在运用礼仪时，应做到恰如其分。例如，与他人交往时，应做到既彬彬有礼又不低声下气，既热情大方又不轻浮，既坦诚又不粗鲁，既老练稳重又不圆滑世故，等等。

6. 入乡随俗原则

在涉外商务活动中，商务人员一定要做到入乡随俗，充分尊重当地的礼仪习俗。例如，阿拉伯人忌食猪肉、忌酒、忌用左手与人接触等，那么商务人员在与阿拉伯人进行商务交往时，就必须尊重他们的礼仪习俗，否则就会冒犯对方。

7. 自律原则

自律就是自我约束，时时处处用礼仪规范约束自己的言行举止。学习、应用礼仪，最重要的就是按照礼仪规范严格要求自己，而无须别人的提示或监督。

实践训练

探讨商务礼仪的重要性

任务概述

在商务交往中，礼仪同样不可忽视。请同学们搜集一些在商务活动中因失礼行为造成不良后果的事例，或是因良好的礼仪修养而促成商务合作的事例，或是自己在日常生活中购物、吃饭时与商家或服务人员之间发生的愉快或不愉快的经历，然后就商务礼仪的重要性与其他同学进行讨论。

任务分组

全班学生以 4~6 人为一组进行分组，各组选出组长并进行任务分工，将小组成员及分工情况填入表 0-1。

表 0-1　小组成员及分工情况

班级________　　组号________　　指导教师________

小组成员	姓名	学号	组员职责
组长			
组员			

任务准备

通过互联网或学校图书馆搜集相关的事例。

任务实施

以小组为单位开展实践活动，确定活动开展时间（具体日期、时间段）并将具体实施情况记录在表 0-2 中。

表 0-2　实施情况记录表

时间安排	实施步骤
	1. 通过互联网或学校图书馆搜集相关事例，并将其记录在下方（也可打印出来，粘贴在下方）

续表

时间安排	实施步骤
	2．与其他同学进行分享 （讲述事例时，要发音清晰、表述准确，同时注意节奏，必要时可配以动作，以使人有身临其境之感）
	3．结合自己在日常生活中购物、吃饭时的经历，与其他同学讨论商务礼仪的重要性，并将自己的感悟写在下方

评价反馈

各组配合指导教师完成如表 0-3 所示的考核评价表。

表 0-3　考核评价表

项目名称	评价内容	分值	评价分数		
			自评	互评	师评
知识与技能考核 40%	能够灵活运用各种渠道搜集相关资料	10 分			
	讲述故事或事例时，逻辑清晰，表述准确，声音抑扬顿挫	15 分			
	能够正确认识商务礼仪的重要性	15 分			
成果考核 30%	所搜集的事例符合活动主题，且具有一定的教育意义	15 分			
	所写感悟逻辑清晰，言之有物	15 分			
综合素质考核 30%	积极实施任务	10 分			
	具有良好的语言表达能力	10 分			
	善于分析、总结与反思	10 分			
合计		100 分			
总评	自评（20%）+互评（20%）+师评（60%）=	教师（签名）：			

形象无价
——商务形象礼仪篇

引言

在现代社会，个人形象已成为参与商务活动的“通行证”。在商务活动中，整洁的仪容仪表、得体的言谈、高雅的举止、良好的气质风度，往往会给交往对象留下深刻而又美好的印象，从而使人获得交往对象的信任，实现商务活动的目标。

那么，商务形象礼仪具体包括哪些内容？在商务活动中，该如何塑造大方得体的形象呢？基于以上问题，本项目从仪容礼仪、着装礼仪、仪态礼仪三个方面对个人形象塑造进行了详细介绍。

学习目标

知识目标
ZHISHI MUBIAO

- 熟悉头发、面部、手部的修饰
- 了解着装的基本原则，掌握女士着装和男士着装的相关知识
- 掌握站姿、坐姿、走姿、蹲姿和表情礼仪

技能目标
JINENG MUBIAO

- 能够根据所学知识进行面部修饰，使自己的仪容整洁、大方
- 能够根据所学知识搭配适合商务场合的着装
- 能够在商务场合正确运用站姿、坐姿、走姿、蹲姿和表情礼仪，使自己的言行举止大方得体

素质目标
SUZHI MUBIAO

- 塑造职业形象，提升职业素养，培养爱岗敬业的精神

专题一　浓妆淡抹要相宜——仪容礼仪

情景案例

小倩的妆容转变

小倩刚刚毕业进入职场不久，在日常生活中，她总是采用粉蓝、粉绿、粉红或粉白色的眼影，粉红或粉橘色腮红，以及自然系的唇彩或口红，为自己化"清纯少女妆"，让自己看起来青春靓丽。

然而在工作场合，小倩毅然地放弃了"清纯少女妆"，化起了整洁、端庄的"白领丽人妆"：不脱色粉底液，修饰自然、稍带棱角的眉毛，与服装色系搭配的眼影、眼线，再加上自然的唇型和略显浓艳的唇色。整个妆容清爽自然，尽显自信、成熟、干练的气质。

一年以来，小倩以自己得体的外在形象、勤奋的工作态度和出色的工作水平，赢得了公司同仁的好评。

思考

小倩的妆容转变说明了什么问题？你认为妆容是否会对工作产生影响？

仪容通常是指人的外观、外貌，仪容的自然美是由遗传因素决定的，而仪容的修饰美则是仪容礼仪关注的重点。仪容的修饰主要体现在发型、面容及人体未被服饰遮掩的肌肤（如手部、颈部等）等方面的修饰。在商务交往中，自然健康、整洁端庄的仪容能给交往对象留下美好的第一印象，从而为双方进一步交往创造良好的开端。

一、头发修饰

（一）头发的清洁

为了保持头发整洁、健康、无异味，应做好头发的清洁工作。通常来说，每 2～3 天就应当清洗一次。清洗头发时，应注意以下事项：

❖ **水温：**宜选用 40℃左右的温水，切勿用过冷或过热的水冲洗头发，否则会洗不净油脂或损害发丝。

- **洗发剂：**宜选用适合自己发质的洗发剂。人的发质大致可分为中性、干性和油性三种，可按照洗发剂外包装上的说明选择与自己发质相符的产品。
- **清洗手法：**清洗头发时，应用双手的指腹打圈按摩头皮，而不要用指甲抓挠头皮。
- **干燥方法：**湿发最好自然晾干。若使用吹风机吹干头发，则应使吹风机与头皮保持一定的距离，使头发温度不会过高，并且应尽量缩短使用时间，以免损伤头发。

洗完头发后，应注意使用发乳、发油等护发剂为头发补充营养，使头发保持柔软、亮泽并富有弹性。但使用护发剂不能太过频繁，每周 1～2 次较为合适。梳理头发时，应选用专用的头梳，且应在私密场合进行。

（二）头发的修剪

修剪头发是保持头发整洁、美观的重要途径。头发要定期修剪，一般情况下，男士应每隔半个月左右修剪一次，最长不宜超过一个月。

商务人员修剪头发时，既不宜剪成光头，也不宜留过长的头发。具体而言，男士修剪头发应做到前发不覆额、侧发不掩耳、后发不及领。女士修剪头发应做到刘海勿遮脸、短发不过肩；若留长发应将枯黄、分叉的发梢剪掉。

（三）发型的选择

商务人员在选择发型时，除了考虑个人品位之外，还应综合考虑自身的脸型、体型、年龄、服饰等因素。总的来说，男士的发型应给人以得体、整齐和略显成熟、稳重的感觉；女士的发型应清秀典雅，给人以持重、干练的感觉。

1. 发型与脸型协调

与脸型相配的发型不仅可以扬长避短地修饰脸型，而且能增强发型的整体美感。

- **椭圆脸型：**是一种比较标准的脸型，很多发型都适合，并能达到很和谐的效果，最好的做法是露出额头。
- **圆脸型：**适合较多发型，但切记不要中分，刘海尽量与旁边的头发连成一线，使脸部线条利落有型即可。
- **菱形脸型：**是一种颧骨高宽的脸型，做发型时应重点考虑颧骨凸出的地方，可用头发修饰一下前脸颊，同时把额头头发做蓬松，拉宽额头发量，但不要打薄。
- **三角脸型：**做发型时应加宽前额部，收紧下轮廓，女士比较适合中长发型。
- **方脸型：**是一种较刚毅的脸型，缺乏柔和感，做发型时应注意适当露出颧骨，增加脸部的立体感，并旁分或将上方头发梳高来增加脸长；女士宜留长直披发，不宜留短发。

❖ 长方脸型：做发型时应尽量避免把脸部全部露出，可留刘海，上端发型以卷发为佳，同时尽量使两边头发有蓬松感，并利用发饰来转移他人的视线重心；女士不宜留长直发。

2．发型与体型协调

发型会对体型的整体美产生极大的影响，不同体型的女士在选择发型时，应注意以下几点：

❖ 高大、强壮型的人：应选择显得大方、洒脱的发型，以避免给人笨重、迟钝、呆板、生硬的印象。一般以短直发为好，也可选择大波浪卷发，显得大方、自然。

❖ 高瘦型的人：适合留长发、直发和大波浪卷发，可适当增加一些发型的装饰物；不宜留很短的发型或盘高发髻，否则会给人更加瘦长的感觉。

❖ 矮小型的人：适合留短发或将头发盘高于头顶，以便利用他人的视觉偏差给自己增加高度；不宜留长发或粗犷、蓬松的发型，那样会让自己显得更加矮小。

❖ 矮胖型的人：应选择轻便的运动式发型或将头发高高盘起露出脖子，以便从视觉上增加高度；不宜留披肩发，也不可将头发烫得过于蓬松，这样会让自己显得更胖。

3．发型与年龄协调

发型可反映一个人的精神状态，为自己选择发型时，要与自己的年龄相符合，千万不可让自己的发型与年龄相差甚远。一般来说，年轻人的发型要给人留下活泼、清新的印象，突出自然之美；年长者的发型要给人留下精神、温婉可亲的印象，突出端庄、秀丽之美。

4．发型与服饰协调

发型与服饰有着密切的关系。为体现服饰美，发型应根据服饰的变化而变化。穿礼服或制服时，女士可选择短发、盘发，以显得大方、端庄；穿休闲服或轻便服时，可选择适合自己脸型的发型，以显得自然、清爽。

二、面部修饰

（一）女士面部修饰

在商务场合，女士通常应化淡妆，其目的是展现良好的职业素养和精神风貌，这也是对交往对象尊重的一种表示。要化好淡妆，需要掌握以下几个方面的知识：

1. 选择合适的彩妆产品

彩妆产品主要包括粉底（包括粉底液、粉底霜、粉饼等）、蜜粉（散粉）、眉笔（或眉粉）、眼影、腮红、眼线笔（或眼线液）、睫毛膏、唇彩（或口红）等，如图 1-1 所示。

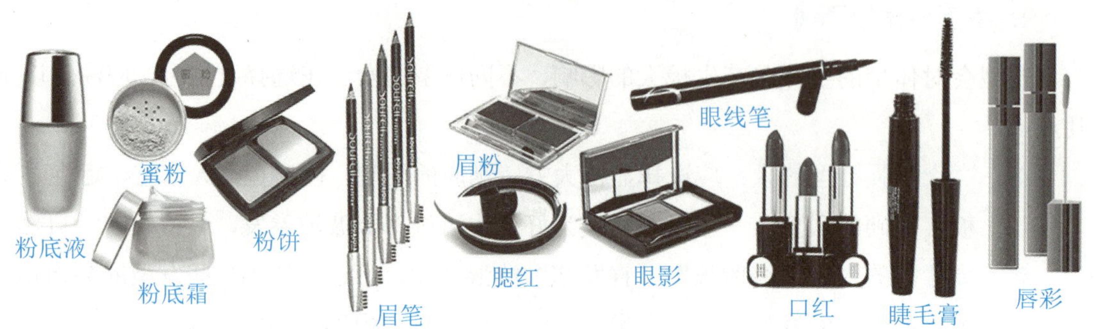

图 1-1　常用的彩妆产品

在选择粉底产品时，应根据自己的肤色和肤质进行选择，颜色以接近肤色为宜。眉笔的颜色应与头发的颜色相近。眼影、腮红和口红的选择则应注重妆容的要求。一般情况下，商场彩妆产品的销售区域都有专业人员提供导购服务，可在购前向其咨询或试用产品。

此外，在选择彩妆产品的同时，还需购置一些化妆工具，如眉钳（或眉刀）、粉刷（或粉扑）、睫毛夹、腮红刷、眼影刷等，如图 1-2 所示。

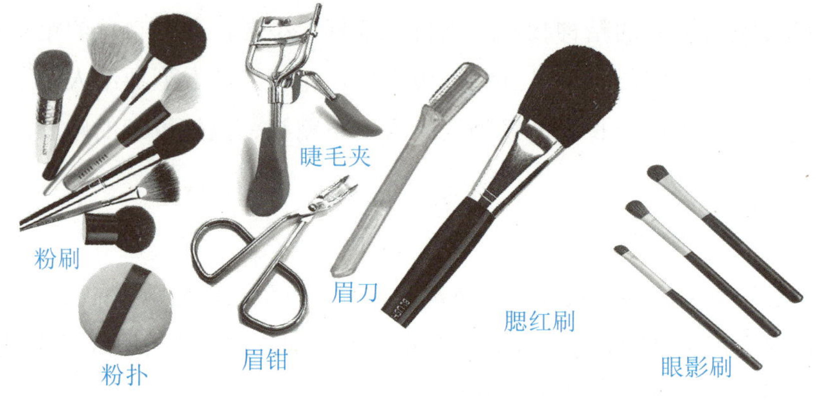

图 1-2　常用的化妆工具

2. 按正确的步骤化妆

淡妆教程

（1）清洁面部。清洁面部应做到早晚各一次。洗脸时，应选用符合自身肤质的洁面产品，涂在掌心用水揉开，然后均匀涂抹在脸部，清洗附着在脸部、耳朵和脖颈处的污垢，然后用清水洗去泡沫。

（2）护肤。洗完脸后，应取适量爽肤水或柔肤水轻拍于面部，取适量眼霜涂抹在眼部，然后涂抹适当的润肤产品，以补充皮肤所需养分，保持面部润泽、光洁、清爽。

（3）打粉底。打粉底的目的是调整皮肤颜色，使皮肤平滑、细腻、有光泽。打粉底时需要注意两点，即粉底应轻薄，并与肤色自然融合，而不可涂抹过多、过厚；粉底涂抹应注意过渡到位，切忌在发际边缘、脸部两侧、脖颈处留下明显的分界线。

（4）定妆。用粉刷蘸取少许蜜粉，轻刷于面部与颈部，以降低粉底的油光感并固定底妆。对于油脂分泌旺盛的部位（如额头、眼角、鼻翼、嘴角等处）可多刷点蜜粉。

（5）画眼妆。选择与自己肤色及所穿服装的颜色相搭配的眼影，用眼影刷蘸取适量眼影并涂抹在眼皮和眼窝处；然后用眼线笔在睫毛根部画内眼线；再用睫毛夹将睫毛夹得卷翘，并用睫毛膏涂染，以固定睫毛并使睫毛变得浓密纤长又卷翘；最后选取适合自己肤色的眉笔，按照适合自己脸型的眉形描眉，如图 1-3 所示。

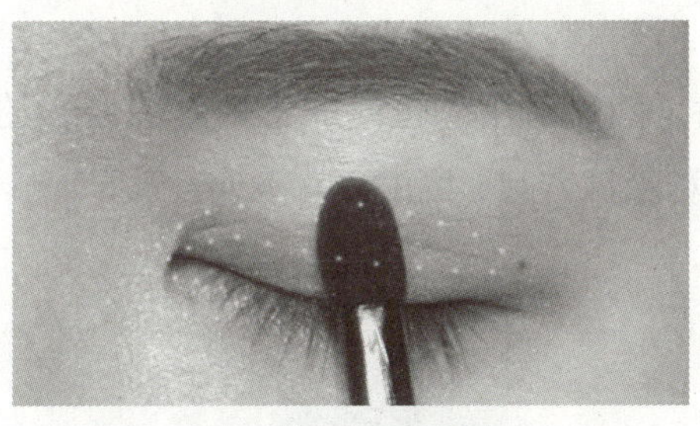
（a）画眼影

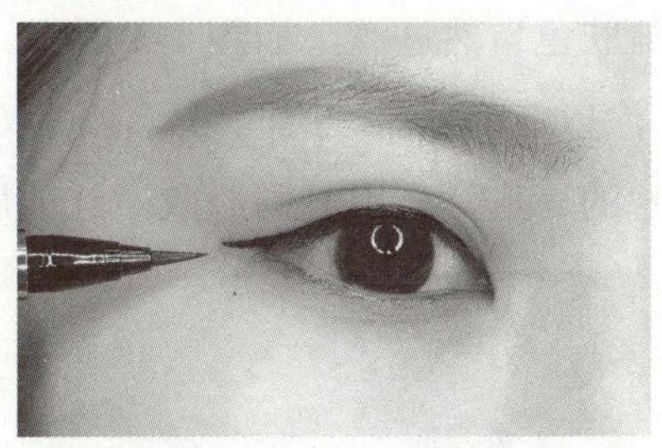
（b）画眼线

（c）刷睫毛

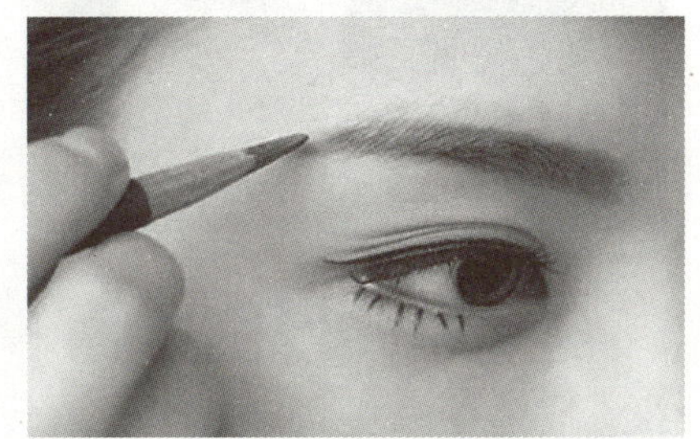
（d）画眉毛

图 1-3　画眼妆

知识拓展

修眉的方法

描眉需要在眉形已经修整的情况下进行，否则，应先进行修眉。

第一次修眉前需要确定眉的形状，此时可借助眉笔勾画眉形。其中，眉头、眉峰和眉尾的位置可用以下方法确定：眉毛上位于鼻翼与内眼角连线延长线位置的是眉头，位于鼻翼与瞳孔连线延长线位置的是眉峰，位于鼻翼与眼尾连线延长线位置的是眉尾，如图 1-4 所示。

确定眉形后，用眉钳拔除或用眉刀刮除眉毛下沿和眉毛两端的散眉，直至获得理想的眉形。拔眉前用热毛巾在眉毛处热敷 2 分钟，拔眉时略拉紧眉部的皮肤，沿眉毛生长方向一根一根地拔除，能更加轻易地将眉毛拔出。当先前清除掉的眉毛又长出时，需要再次进行修眉。

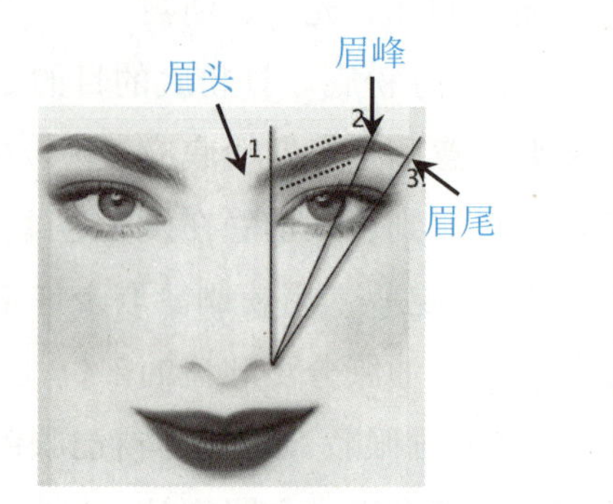

图 1-4　眉头、眉峰和眉尾的位置

（6）打腮红。用腮红刷蘸取少量腮红轻轻刷于颧骨下方，然后由脸颊向发际逐渐晕开，使其与肤色自然过渡，如图 1-5 所示。

（7）涂口红。先涂一层润唇膏滋润双唇，然后选用颜色略深于口红或唇彩的唇线笔，勾画出理想的唇形，再用唇刷蘸取口红或唇彩涂抹双唇，如图 1-6 所示。

图 1-5　打腮红

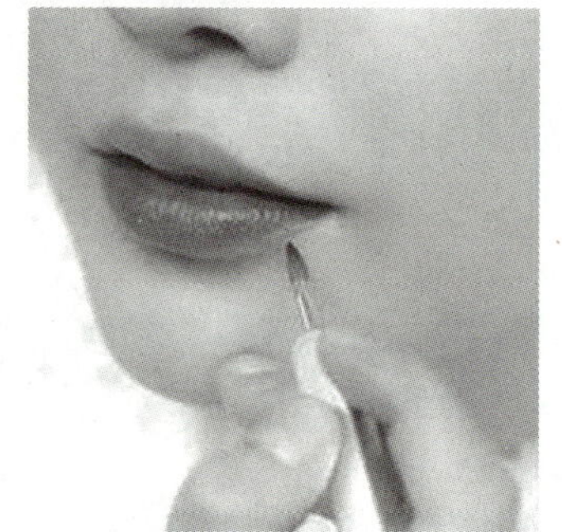
图 1-6　涂口红

小贴士

涂口红时应当注意以下事项：若嘴唇上有翘起的死皮，则应先去除死皮；唇线应与嘴唇融为一体，不可勾勒得过于明显；口红或唇彩的颜色应与眼影、腮红的颜色相协调。

（8）检查修正。化妆完成后，应当全面、仔细地检查妆容的效果。若发现问题，则应及时修正，以保持妆容的理想状态。此外，若需补妆，应在化妆间或洗手间进行，不能在公共场所进行。

知识拓展

卸妆小知识

在学会化妆的同时，应适当了解一些卸妆知识。科学的卸妆有利于保养面部肌肤，保证日后的上妆效果。下面将简单介绍几种常用的卸妆产品和工具、卸妆顺序和卸妆方法。

1．卸妆产品和工具

卸妆产品主要有清洁霜和卸妆油。卸妆工具主要有棉签、化妆棉等。

2．卸妆顺序

一般而言，卸妆应先局部后整体，其具体顺序为“睫毛→眼线→眼影→眉毛→嘴唇→面部”。

3．卸妆方法

（1）眼部卸妆。为眼部卸妆时，应着重清洗睫毛膏和眼线。若睫毛膏或眼线不具防水性，则可用化妆棉或棉签蘸取适量卸妆油涂于眼皮和睫毛上，然后按照眼皮纹理和睫毛生长方向擦拭干净即可；若睫毛膏或眼线具有防水性，则可先用剪成条状的化妆棉蘸取少许卸妆油贴于眼皮和睫毛上，待眼妆充分溶解后，再按上述方法清理干净即可。

（2）唇部卸妆。为唇部卸妆时，可用化妆棉蘸取少许卸妆油轻敷双唇数秒，待口红或唇彩溶解后，先横向擦拭唇部，再擦拭嘴角。擦拭干净后，应使用润唇膏或保湿化妆水滋润唇部，以免唇纹加深。

（3）面部卸妆。用化妆棉取适量的清洁霜均匀地涂于面部和颈部，然后用指腹螺旋式地轻揉脸颊、额头、鼻翼、颈脖等部位，待面部污垢与清洁霜完全融合后将其一起洗掉，最后用干净的化妆棉由内侧向外侧将面部擦拭干净。

卸妆完毕后，应用洗面奶清洗面部，并用护肤品为肌肤补充水分。

（二）男士面部修饰

在商务场合，男士也应对自己的仪容进行修饰，以整洁且能反映男性自然的肤色、五官轮廓和气度为佳。一般来说，男士面部修饰主要包括以下内容：

1．清洁面部

清洁面部就是通过洗脸清除掉脸上的污垢，保持面部干净、清爽。洗完脸后，男士可根据自己的皮肤状况使用一些具有去死皮、补水、控油等功效的男士专用护肤品，使皮肤清爽、健康、自然。

2．剃须修面

男士要养成每天剃胡须的习惯，其操作顺序一般是从鬓角、脸颊、脖子到嘴唇周围及下巴。若要留胡须，则应将胡须修理成型。要定期修剪鼻毛，切忌让鼻毛露出鼻腔。

此外，无论女士还是男士都要定期洁牙，保持牙齿清洁；口腔中不要有异味，饭后适当地使用漱口水，等等。在重要的商务场合不要吃有刺激味道的食物，以免使接近自己的人感到不快。

三、手部修饰

有人说，手是人的“第二张脸”，通过观察一个人的手，就可以判断其卫生习惯及内在修养，甚至对工作、对生活的态度。而作为商务人员，在迎来送往的各种活动中有大量的礼仪行为需要手部的演示，如握手、递接名片等。因此，商务人员也应注重手部的修饰。

（一）手部的清洁与护理

饭前便后及接触脏物后，应马上洗手，以保持双手清洁、卫生。

洗手的基本步骤如下：① 双手相对而搓；② 双手指缝交叉搓洗；③ 握洗拇指；④ 搓洗手背；⑤ 五指并拢在另一只手心中搓洗指甲缝，如图 1-7 所示。洗手后，应及时涂抹护手霜，以使手部肌肤保持润泽。

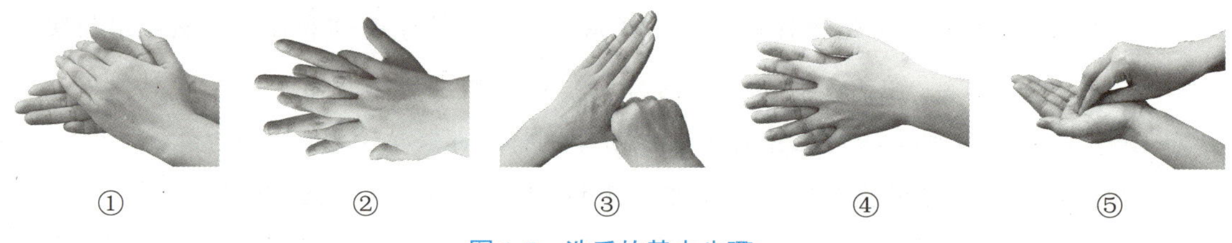

① ② ③ ④ ⑤

图 1-7　洗手的基本步骤

（二）指甲的修剪

指甲的长度不应超过指尖。修剪指甲时，可根据手型剪出不同的甲形，如方形指甲、方圆形指甲（指甲前端和侧面是直的，而棱角处是圆弧形）、椭圆形指甲等，以弥补手型的不足。

小贴士

在商务场合，女士可以适当地修饰指甲，即染指甲。染指甲时，应选择与口红或唇彩颜色相匹配的浅色系指甲油（如浅粉色或无色指甲油），均匀地涂抹在指甲上，使双手看起来美丽、自然。

实践训练

自我仪容修饰

任务概述

小叶是北京东升原公司市场部的一名新职员，刚刚毕业步入职场，对于在职场中该如何修饰自己还没有太多经验。

假如你是小叶，请根据所学知识对自己的仪容进行修饰，以使自己的仪容整洁端庄，给同事和客户留下良好印象。

任务分组

全班学生以8～10人为一组进行分组，各组选出组长并进行任务分工，将小组成员及分工情况填入表1-1。

表1-1　小组成员及分工情况

班级________　　组号________　　指导教师________

小组成员	姓名	学号	组员职责
组长			
组员			

任务准备

（1）回忆所学知识，掌握仪容修饰的重点，包括头发清洁、发型选择、女士淡妆、男士面部修饰、手部清洁及指甲修剪等。

（2）通过网络下载淡妆相关视频并准备所需物品，如化妆品、剃须刀、指甲钳等，填写表 1-2。

表 1-2　所需物品清单

序号	名称	用途	数量	备注

任务实施

进行仪容修饰，确定活动开展时间（具体日期、时间段），并将具体实施情况记录在表 1-3 中。

表 1-3　实施情况记录表

时间安排	实施步骤
	1．清洁头发，整理发型
	2．清洁手部，修剪指甲
	3．学习淡妆的化妆技巧（男生主要学习面部修饰的技巧） （观看淡妆相关视频或请教师示范。）
	4．练习化妆（男生主要进行面部修饰），并将自己化妆前后的照片打印出来贴在下面空白处，进行对比 （可为自己化妆，也可为小组其他成员化妆。）

续表

时间安排	实施步骤
	5．请教师对自己的妆容进行点评，并根据教师意见修改妆容。然后，将修改后的妆容照片打印出来贴在下面空白处
	6．与小组成员交流心得体会

评价反馈

各组配合指导教师完成如表 1-4 所示的考核评价表。

表 1-4　考核评价表

项目名称	评价内容	分值	评价分数		
			自评	互评	师评
知识与技能考核 50%	掌握头发修饰的重点，能够根据所学知识，正确清洗头发，选择合适的发型	20 分			
	掌握仪容修饰的重点，能够根据所学知识进行仪容修饰，学会化职业淡妆	20 分			
	掌握手部修饰的重点，能够正确清洁双手，修剪指甲	10 分			
成果考核 30%	头发整洁、无异味，且发型得体，适合商务场合	10 分			
	双手清洁、无污渍，指甲长度适中	5 分			
	所化妆容（男生主要进行面部修饰）符合商务场合的仪容礼仪规范，大方得体	15 分			
综合素质考核 20%	积极实施任务	5 分			
	具备良好的团队合作意识	5 分			
	态度认真，做事细致	10 分			
合计		100 分			
总评	自评（20%）+互评（20%）+师评（60%）=	教师（签名）：			

专题二　大方得体是要义——着装礼仪

情景案例

商务场合，着装不能马虎

郑伟是一家零售企业的总经理。有一次，他获悉国内一家著名企业的董事长正在本市进行访问，并有寻求合作伙伴的意向。于是他想办法请有关人员为双方牵线搭桥。让郑伟欣喜的是，对方也有兴趣同他的企业进行合作，而且希望尽快与他见面。到了双方会面的那一天，郑伟特意对自己的形象进行了一番修饰。早上起床后，他就开始洗漱、刮胡子、打理头发。随后，他选择了一套黑色西装，搭配了一件浅蓝色衬衫和一条深蓝色条纹领带，穿了一双黑色皮鞋，内搭黑色袜子。当他精神抖擞地带着秘书出现在对方面前时，对方非常热情地接待了他，双方洽谈很顺利。

思考

你认为在商务交往活动中，着装是否会影响双方的合作？从上述案例中，你得到了什么启示？

得体的着装可以体现出一个人良好的文化修养和高尚的审美情趣，是一个人的身份、气质和内在素质无言的介绍信。

一、着装的基本原则

（一）整洁原则

古人言：“衣贵洁，不贵华。”保持服饰干净、整齐是着装礼仪的最基本原则。一个穿着整洁的人，即使衣服不高档、华贵，也能恰到好处地展现自身的气质和对他人的尊重。

（二）“TOP”原则

TOP是英文time、occasion、place三个单词的首字母，分别代表时间、场合、地点。TOP原则是指商务人员应该根据不同的时间、场合、地点选择不同的服装。

1．时间原则

时间原则包含以下 3 层含义：① 着装应当与时间相符合，如工作期间的着装应能给人一种端庄、整洁、稳重的感觉；② 着装应当与季节相符，确保冬暖夏凉、春秋适宜；③ 着装应顺应时代的潮流和节奏，不能过于落伍，也不能过于时髦。

2．场合原则

场合原则是指着装应与场合相协调。商务人员在不同的商务场合应选择不同的服装，如在庄重的场合不能穿得太随意，在休闲的场合不必穿得太正式。

3．地点原则

地点原则是指商务人员应根据地点、环境选择得体的服装，以使人与环境相协调。例如，在家可以穿舒适的家居服；上班期间适合穿职业装；外出登山适合穿运动服、冲锋衣；等等。

二、女士着装

在商务场合，女士一般应穿着西装套装（即西装配长裤）或西装套裙（即西装配半身裙）。西装套装与西装套裙具有大方、简洁、素雅的特点，能让女性显得成熟、稳重，塑造出端庄、干练的形象，如图 2-1 所示。

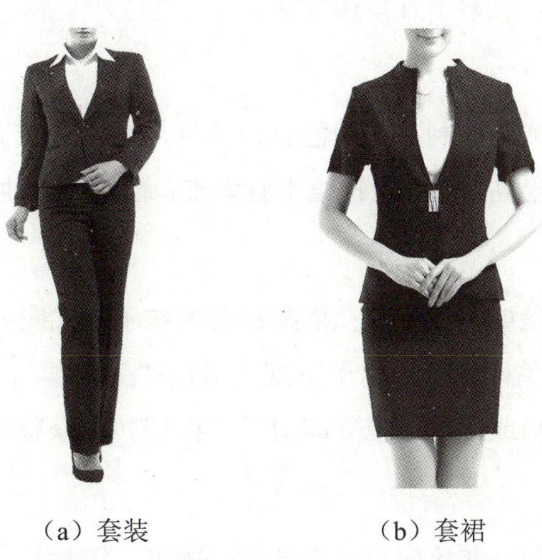

（a）套装　　（b）套裙

图 2-1　穿西装套装、西装套裙的女士

（一）套装、套裙的选择

一般而言，套装、套裙的选择应注意以下几个方面：

1. 面料

选择套装或套裙时，应选择具有匀称、平整、光洁、悬垂、挺括、不起皱、不起毛、不起球等特征的面料。需要注意的是，整套服装的面料必须一致。

2. 颜色

可根据自己的肤色选择套装或套裙的颜色。通常，以黑色、藏青色、灰褐色、灰色、茶褐色、棕色等颜色最佳。

3. 尺寸

套装或套裙必须合身，过大或过小、过肥或过瘦的服装都会有损个人形象。其中，半身裙的长度最长宜到达小腿中部，最短以坐下时裙子离膝盖不超过 10 厘米为宜。

（二）套装或套裙的搭配

女士穿套装或套裙时，应注意其与衬衫、鞋袜、皮包的搭配。

1. 衬衫

衬衫的面料通常应以丝绸、涤棉、麻纱等为主；颜色应与套装、套裙的颜色相协调，白色、米色、粉红色等浅色系颜色均可；款式应当简洁，通常不应具有过多的花边、皱褶，以及夸张的图案。衬衫下摆必须掖入下装之内；除最上端的一粒纽扣以外，其他纽扣必须一一系好，不得随意解开；衬衫不宜直接外穿。

2. 鞋子

鞋子的面料宜为牛皮或羊皮制品；颜色宜为单色，一般应深于套装、套裙的颜色；款式宜为无带无襻的高跟或半高跟鞋，且鞋跟不宜太细；鞋面应上油擦亮，不留灰尘和污迹。

3. 袜子

袜子的面料宜为尼龙丝或羊毛制品；搭配裙装的袜子款式应为高筒型和连裤型，而不能为中筒型和低筒型，以免袜口露出裙子下摆，显出“三截腿”；颜色宜为肤色。此外，穿丝袜时，若袜子出现破损或挑丝，应立即更换，但切勿当众整理袜子。

4. 皮包

皮包的面料最好为皮质；颜色应与自身肤色、服装、年龄及季节相搭配，咖啡色、黑色、驼色、米色等中性色通常为百搭色彩；款式应与自身身形相协调，一般而言，身材高大者宜用大提包，身材矮小或苗条者宜用中、小提包，身材丰满者忌用圆形包。

小贴士

女士着装还应注意以下事项：

（1）拆除商标。若衣服上的品牌商标显露在外，则应将其拆除。

（2）勿过分暴露。不可选择过分凸、透、露、的服装，否则会显得轻浮，有时可能还会触犯他人的禁忌。

（3）兼顾举止。美好的着装要配以优雅的举止，否则，无法展示服装的美感。

（三）佩饰的选用

女士的佩饰主要有项链、耳环和丝巾等。在商务场合，女士的佩饰应简单、精致，数量不宜过多。

1. 项链

项链的长短、造型可以调节视线，佩戴项链时应注意利用项链的长短和造型来调节视线，从而使自己的形象更加完美。

- ❖ 体态丰腴、颈部粗短者，宜佩戴细长或“V”字形的项链，以营造颈部的修长感。
- ❖ 体态轻盈、颈部细长者，宜佩戴粗短型的项链，以从视觉上缩短颈部的长度。

2. 耳环

在商务场合，女士佩戴的耳环不可过于张扬，而应简洁、低调，其款式应与自己的脸型相协调。例如，圆脸型的人适合佩戴长耳环，而不宜佩戴圆形耳环，否则，会显得脸更圆。佩戴耳环时，不宜出现一只耳朵佩戴多只耳环的前卫造型。

3. 丝巾

女士佩戴丝巾时，应注意丝巾面料、颜色、图案的选择，以及丝巾系法与脸型的搭配。

（1）丝巾的选择。选择丝巾时，应考虑尺寸、面料、颜色、图案等。

- ❖ 尺寸：在商务场合使用的丝巾以边长为 60 厘米左右的小方巾为宜。
- ❖ 面料：多为丝绸、真丝等，通常以丝绸为首选。
- ❖ 颜色：可以与服装颜色为同一色系，也可以与服装颜色呈对比色，但应与服装相协调，并与着装者的肤色、气质相配。
- ❖ 图案：可以无图案，也可以有条纹、方格、碎花等简单图案。

（2）丝巾的系法。常见的丝巾系法有基础结、三角巾结、V 字结、项链结和围巾结等。

① 基础结：基础结适用范围较广，其特色是能系出一个十字形的结。基础结的系法如图 2-2 所示。

图 2-2　基础结图解

② 三角巾结：三角巾结很适合圆脸型的人，其特色是在颈后打结，并在颈前留出一个三角形，强调视觉上的纵向感，能使佩戴者的脸部轮廓看起来消瘦一些。三角结的系法如图 2-3 所示。

图 2-3　三角巾结图解

③ “V”字结：“V”字结较适合倒三角脸型和方脸型的人，其特色是在颈前呈现一个“V”字形，使颈部充满层次感。“V”字结的系法如图 2-4 所示。

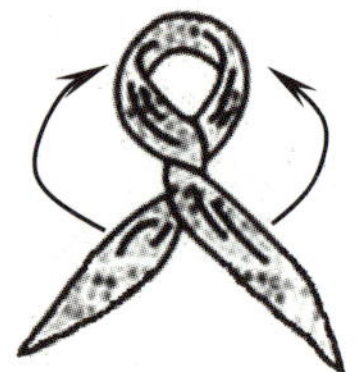

图 2-4　“V”字结图解

④ 项链结：项链结适合长脸型和倒三角脸型的人，其特色是能够在颈前呈现一个类似于项链的结，使佩戴者显得高雅、干练。项链结的系法如图 2-5 所示。

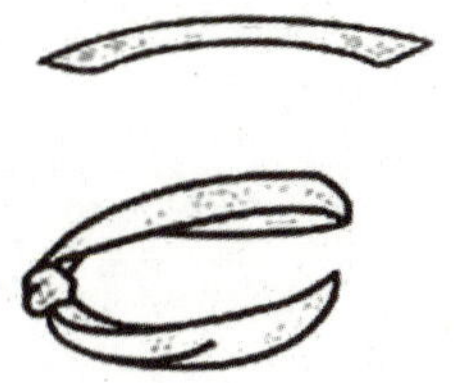
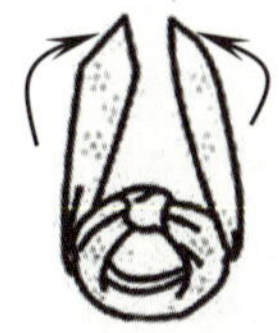

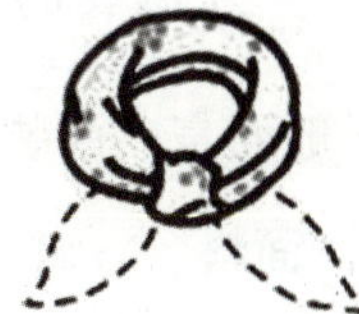

图 2-5　项链结图解

⑤ 围巾结：围巾结适合方脸型的人，其特色是能在颈前或颈部一侧打出层次感较强的花结，并打破佩戴者脸型的方正走向，为佩戴者的脸部增添柔美感。围巾结的系法如图 2-6 所示。

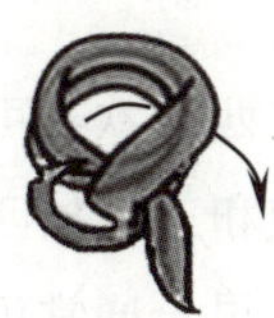

图 2-6　围巾结图解

三、男士着装

在商务场合，男士一般都应穿西装。西装是一种国际性服装，其造型优美、典雅，能使着装者显得风度翩翩、魅力十足，如图 2-7 所示。俗话说："西装七分在做，三分在穿。"穿西装时，符合穿着规范，才能显得潇洒、精神、有风度。

图 2-7　穿西装的男士

（一）西装的选择

一般而言，西装的选择应注意以下几个方面：

1. 面料

挑选西装时，应选择纯羊毛面料、含羊毛比例较高的混纺面料或者涤纶与粘胶混纺面料的西装。用这些面料制作的西装，外观挺括、质地滑爽，光泽柔和自然。

2. 颜色

西装的颜色宜为深色调的单色。在日常商务场合，一般选用藏蓝色或深灰色西装，在极其庄严、肃穆的商务场合需选用黑色西装。

3. 款式

按照纽扣的排列划分，西装款式可分为单排扣式和双排扣式。其中，单排扣西装又分为一粒扣西装、两粒扣西装和三粒扣西装；双排扣西装又分为两粒扣西装、四粒扣西装和六粒扣西装。在商务场合，男士通常可穿单排两粒扣西装和双排六粒扣西装。

按照件数划分，西装款式可分为两件套和三件套。两件套的西装套装包括上衣和裤子，三件套的西装套装包括上衣、马甲和裤子。三件套西装比两件套西装更为正规，在比较正式的商务场合一般应穿三件套西装。

4. 尺寸

西装必须合身。男士在选择西装时，一定要根据自己的身形，认真试穿。一般情况下，西装衣长应刚好盖过臀部，衣服垫肩应与人体肩膀吻合，衣袖长达腕部，抬放手臂时衣服不会出现皱褶或紧绷感，衣服腰围比人体腰部稍宽（扣上纽扣后，能贴腰平插入一只手），裤长刚好到鞋跟与鞋帮的接缝处。

5. 做工

在挑选西装时，应仔细检查其做工。具体而言，做工精良的西装具有以下特点：① 外观平整；② 面料拼接自然；③ 缝线平直，针脚均匀。

（二）西装的搭配

西装必须与衬衫、领带、皮带、鞋袜等其他衣饰精心搭配，才能呈现出其应有的韵味和魅力。

1. 衬衫

与西装搭配的衬衫一般应为硬领式的正装衬衫，其面料应以纯棉、纯毛为主；颜色以浅色为佳，如白色、蓝色、灰色等，且应与西装颜色相匹配；花纹越淡越好，越少越好。

穿正装衬衫与西装搭配时，应注意以下事项：

- 大小合适：衬衫衣领与胸围的松紧应适度，不可过于宽松，也不可过于收紧，以免影响到西装与身体的贴合程度。
- 衣领偏高：衬衫的衣领应比西装的领口高出 1～2 厘米，以衬托西装。
- 袖长适度：衬衫的袖长应比西装的衣袖长 1～2 厘米，这样既可以避免西装的袖口受到过多的磨损，还可以显示层次美。
- 衣扣扣好：系领带时，衬衫的衣扣都必须扣好，特别是领扣；不系领带时，可解开领扣。此外，若衬衫的衣袖为双层袖口，则可在袖口上佩戴装饰性袖扣。
- 下摆放好：衬衫的下摆必须掖进西裤裤腰内，切记不可在裤腰交界处上下错位、左右扭曲或皱皱巴巴。

小贴士

袖扣是用于代替袖口扣子部分的重要饰物，其材质多为金属（有的镶嵌宝石），造型精美，是男士在正式商务场合所需佩戴的重要饰物。

2．领带

领带是西装的重要饰品，能起到画龙点睛的作用。

（1）领带的选择。领带的面料最好为真丝，也可以是涤纶长丝或纯毛料；颜色应与衬衫、西装的颜色相称；图案不可过于花哨，可以无图案，也可以具有斜条纹、圆点、方格等规则几何形状的图案。

（2）领带的结法。领带最重要的部位是领结。打好的领带结应呈挺括、端正的倒三角形，且大小与衬衫衣领大小成正比。领带结的常用结法有平结、双环结、交叉结、双交叉结和温莎结等。

① 平结：平结几乎适用于任何质地的领带，其特色在于领结的下方可呈凹凸状。平结的打法如图 2-8 所示。

图 2-8　平结图解

② 双环结：双环结适用于质地细腻的领带，能够营造出时尚感，适合年轻男士选用。

其特色在于领结的第一圈稍露于第二圈之外。双环结的打法如图 2-9 所示。

图 2-9　双环结图解

③ 交叉结：交叉结适用于单色素雅且质地较薄的领带，能够展现时髦感。其特色在于领结上有一道分割线。交叉结的打法如图 2-10 所示。

图 2-10　交叉结图解

④ 双交叉结：双交叉结多适用于素色丝质的领带，能够让男士显得高雅、尊贵，非常适合在正式商务场合使用。双交叉结的打法如图 2-11 所示。

图 2-11　双交叉结图解

⑤ 温莎结：温莎结因温莎公爵而得名，是最正统的领带打法，适用于材质较薄的领带。其特色在于领结呈倒正三角形，且饱满有力，适合搭配宽领衬衫。温莎结的打法如图 2-12 所示。

图 2-12　温莎结图解

（3）领带长度。领带打好后，其外侧的大箭头一端应略长于内侧的一端（较窄的那端），且该大箭头的尖端应恰好触及皮带扣的上端，切不可垂到腰带以下或塞到裤腰里面。

（4）领带配饰。一般情况下，打领带时没有必要使用佩饰。但是，有时为了避免领带妨碍工作或行动，也可以使用领带夹或领带针，如图 2-13 所示。

（a）领带夹　　（b）领带针

图 2-13　领带配饰

3．皮带与鞋袜

穿西装时，皮带与鞋袜也应与西装相匹配。

❖ 皮带：面料宜为光面的皮质材料；颜色应为深色（黑色为首选）、单色；宽度一般为 3 厘米左右，并宜带有形状简洁的钢质皮带扣。

❖ 鞋子：面料应为光面的真皮，一般以牛皮为首选；颜色应与皮带的颜色一致；款式应以系带、薄底的为佳，且其上应无任何图案和装饰；鞋面应上油擦亮，不留灰尘与污迹。

❖ 袜子：面料最好为纯棉或纯毛；颜色宜为深色、单色，且应与西裤或皮鞋的颜色一致，切忌用浅色袜子配深色皮鞋；长度应及于小腿。

礼仪故事

某著名表演艺术家程某在香港遭遇了一次窘境，这次窘境让他推翻了其原先“穿衣服可忽视场合”的着装观念。据程某回忆，当时香港某影星邀请他参加一个画展。到达展厅后，他发现厅内人的装束都非常得体，而自己的一身打扮实在有失体面。

他身边的几位男士穿着精致的西装，头发光亮整齐，显得风度翩翩；附近的一位明星留着一头短发，着装闪耀靓丽，显得帅气、干练，魅力十足。而他呢，尽管穿着西装，但那套西装已经穿了一个星期，裤线早没了，上衣兜盖还不知怎么地反了向，兜口老开着，更重要的是忘了戴领带。脚上的皮鞋，也因为穿得太久而布满灰尘且走了形。

自那以后，程某非常注意自己的形象，主动学习在不同时间、场合的着装知识及饰物搭配技巧。

（三）穿西装的注意事项

男士在穿着西装时，应当特别注意以下几个方面的问题：

（1）拆除商标。穿西装之前，应拆除西装袖口上的商标和纯羊毛标志等。

（2）熨烫平整。穿西装之前，应将西装熨烫得平整挺括、线条笔直，切勿使其皱皱巴巴。

（3）扣好纽扣。穿单排两粒扣式的西装时，讲究“扣上不扣下”，即只扣上边的那粒纽扣；穿单排三粒扣式的西装时，要么只扣中间那粒纽扣，要么扣上面的两粒纽扣；穿双排扣式西装时，所有的纽扣都应扣上。

（4）不挽不卷。切忌将西装的衣袖挽上去或将西装裤管卷起来，更不可当众脱下西装上衣后将其披在肩上。

（5）慎穿毛衫。西装上衣之内、衬衫之外最好不要再穿羊毛衫，但在天气寒冷难耐时可以穿一件薄型“V”领的单色羊毛衫。

（6）少装东西。西装的口袋里一定要少装东西。一般而言，西装上衣外侧胸袋只可插入一块用以装饰的真丝手帕，内侧胸袋用来别钢笔、放名片夹或钱夹（不可过大或过厚），下侧口袋原则上不装任何东西；西装裤子两侧的口袋只能放纸巾、钥匙包、手机等小件物品，后侧的口袋不要装任何东西。

（四）随身物品的选用

1. 公文包

选择公文包时，应注意以下几点：① 面料应为真皮，并以牛皮或羊皮制品为佳；② 颜色宜为深色（黑色和棕色为首选）、单色，且最好与皮带、皮鞋的颜色一致；③ 造型应简单大方，且外观上除商标之外，不宜带有过多的图案和文字。

使用公文包时，应使得包内物品摆放整齐有序，以便查找。与此同时，切忌将无关紧要的物品都塞入包中，以免使公文包显得膨胀或不平整。

2. 手表

选择与西装搭配的手表时，应注意以下几点：① 造型简约且时钟标示清楚；② 表身平薄，表盘清晰干净，且宜为白色；③ 表壳材质宜为钢或钛金，外形宜为中规中矩的圆形；④ 表带可为黑色或深棕色的皮质表带，也可为金属材质表带。

实践训练

破解职场穿搭密码

任务概述

为了更好地融入职场，开展工作，小叶也开始有意识地转变自己的穿衣风格。

假如你是小叶，请根据所学知识，同时结合自身特点为自己搭配合适的服饰，以塑造出沉稳、干练的职业形象。

任务分组

全班学生以8～10人为一组进行分组，各组选出组长并进行任务分工，将小组成员及分工情况填入表2-1。

表 2-1　小组成员及分工情况

班级________________　　组号________________　　指导教师________________

小组成员	姓名	学号	组员职责
组长			
组员			

任务准备

（1）回忆所学知识，掌握着装的基本原则，以及商务场合的服饰搭配要点。

（2）通过网络下载服饰搭配相关视频并准备所需物品，如西装、套裙、衬衫、领带、丝巾等，填写表2-2。

表 2-2　所需物品清单

序号	名称	用途	数量	备注

任务实施

进行服饰搭配，确定活动开展时间（具体日期、时间段），并将具体实施情况记录在表 2-3 中。

表 2-3　实施情况记录表

时间安排	实施步骤
	1．练习丝巾的系法 （请教师示范系丝巾，或者观看丝巾系法的相关视频，然后跟随反复练习。练习时，小组成员之间可相互纠正。）
	2．练习领带的打法 （请教师示范打领带，或者观看领带打法的相关视频，然后跟随反复练习。练习时，小组成员之间可相互纠正。）
	3．学习服饰搭配技巧 （观看服饰搭配相关视频。）
	4．小组各成员尝试为自己搭配合适的服饰，并拍照，然后将照片打印出来贴在下面空白处

续表

时间安排	实施步骤
	5. 请教师对小组成员的搭配成果进行点评，并根据教师意见调整。然后，将修改后的服饰搭配照片打印出来贴在下面空白处
	6. 与小组成员交流心得体会

评价反馈

各组配合指导教师完成如表 2-4 所示的考核评价表。

表 2-4　考核评价表

项目名称	评价内容	分值	评价分数		
			自评	互评	师评
知识与技能考核 50%	掌握丝巾的系法，能够熟练系出各种丝巾结	10 分			
	掌握领带的打法，能够熟练打好各种领带结	10 分			
	掌握着装的基本原则，以及女士套装、套裙和男士西装的选择与搭配，能够选择并搭配出合适的服饰	30 分			
成果考核 30%	系丝巾或打领带时手法熟练，且所系丝巾结或所打领带结美观大方	15 分			
	所搭配的服饰符合商务场合的着装礼仪规范，且符合自身气质	15 分			
综合素质考核 20%	积极实施任务	5 分			
	具备良好的团队合作意识	5 分			
	具备良好的语言表达能力	5 分			
	考虑问题全面，且善于分享	5 分			
合计		100 分			
总评	自评（20%）+互评（20%）+师评（60%）=	教师（签名）：			

专题三　优雅端庄展魅力——仪态礼仪

情景案例

失败的商谈

某灯具厂的业务员张先生按计划到鸿运贸易公司商谈业务。他带着灯具样品到达鸿运贸易公司后，大汗淋漓地走进业务部王经理的办公室。王经理放下手中的工作，双手接过灯具样品，请张先生入座，并让秘书为其倒上一杯茶，然后开始仔细研究灯具样品并随口赞道："好漂亮啊！"

张先生见王经理对新产品如此感兴趣，感觉如释重负，便往沙发上一靠，跷起二郎腿，脚尖指向王经理，一边吸烟一边悠闲地环视王经理办公室里的布置。当王经理提出关于灯具的设计和价格问题时，张先生习惯性地一边挠头皮一边解释，并不由自主地拉松领带，眼睛直盯着王经理。王经理皱了皱眉头，托词离开了办公室，留下了张先生一个人。过了一会儿，王经理的秘书走进办公室，告诉张先生业务商谈取消。

思考

张先生的商谈为什么会被取消？在与王经理相处的过程中，张先生有哪些失礼之处？

仪态是指人在行为中所展现出来的各种姿势，主要包括站姿、坐姿、走姿、蹲姿等。一个人仪态端庄、举止文雅、落落大方，才能给人以良好的印象，有利于与他人建立良好的人际关系。

一、站姿礼仪

站姿是人的最基本仪态，是其他仪态的基础。良好的站姿能够展现出个人的气质和风度，给人以挺拔笔直、精力充沛、积极进取、充满自信的感觉。

站姿礼仪

（一）站姿的基本要领

（1）头正。双目平视，颈部挺直，下颚微收，表情平和自然。

（2）肩展。双肩舒展、放平，自然放松，稍向下沉。

（3）臂垂。双臂放松，双手自然垂于身体两侧，手指并拢、自然弯曲。

（4）挺胸。后背挺直，胸部舒展、自然上挺。

（5）收腹。腰部挺直，腹部微微紧收，保持自然呼吸。

（6）提臀。臀部肌肉向内、向上收紧。

（7）腿直。双腿挺直，双膝紧贴，腿部肌肉向内收紧，身体重心置于双腿之间。

（二）女士的站姿

女士的站姿应优美、庄重、大方，体现柔和轻盈之美。一般而言，女士的站姿主要为丁字步站姿和扇形站姿。

1. 丁字步站姿

双手虎口交叠于腹前，贴于肚脐处，手指伸直但不外翘，双腿并拢，膝盖紧贴，双脚站成小丁字步，如图 3-1（a）所示。这种站姿礼仪性较强，适用于较正式的商务迎送场合。

2. 扇形站姿

扇形站姿即小八字步站姿，其要领如下：双手交叉握于腹前或自然垂于身体两侧，双腿和脚跟并拢，脚尖分开约 60°，站成小八字步，如图 3-1（b）所示。这种站姿较为自由，可适用于不太正式的商务场合。

（a）丁字步站姿

（b）扇形站姿

图 3-1　女士的站姿

（三）男士的站姿

男士的站姿应稳健、刚毅、洒脱，体现阳刚之美。一般来说，男士在商务场合可采用分腿式站姿，具体如下：

1．前腹式分腿式站姿

双手交叉于腹前，左手握住右手腕，双脚分开（双脚外沿宽度以不超过两肩的宽度为宜），身体重心落于两脚之间，脚部疲惫时还可使身体重心在两脚间轮换，如图 3-2（a）所示。这种站姿略显自由，常适用于一般商务场合。

2．后背式分腿式站姿

双手交叉于背后，左手握住右手手腕，自然贴于背部，双脚分开（双脚外沿宽度以不超过两肩的宽度为宜），如图 3-2（b）所示。这种站姿略带威严，常适用于较为正式、严肃的商务迎送场合。

（a）前腹式分腿式站姿

（b）后背式分腿式站姿

图 3-2　男士的站姿

（四）站姿的注意事项

站立时切忌出现以下姿态：

（1）膝盖伸不直，无精打采。

（2）弯腰驼背，叉腰屈腿，两肩一高一低。

（3）将双手插于衣兜，用双手搓脸、拨弄头发或抱肘于胸前。

（4）斜靠在马路旁的树干、招牌、墙壁或栏杆上，或者歪斜站立。

（5）两脚分得很开或两腿交叉站立。

（6）一条腿弯曲并抖动，用脚打拍子或不停地划弧线。

（7）不停地摇摆身子，忸怩作态。

（8）与他人勾肩搭背。

礼仪训练营

学生可根据以下几种方法练习站姿：

（1）背靠背站立法。两人一组，背靠背站立，脚后跟、小腿、双肩、脑后枕部相互紧贴。

（2）九点靠墙练习法。两只脚后跟、两个小腿肚、两个臀尖、两个肩和后脑勺九个点都贴着墙站立练习。

（3）顶书练习法。男同学按照标准站姿站好，头顶一本书保持平衡。女同学除了要头顶一本书，还要在膝盖部位夹一张纸进行练习。

二、坐姿礼仪

坐姿是人入座、在座、离座时的姿态。在商务场合，无论是女士还是男士，其坐姿都应给人以端正、大方、自然、稳重之感。

（一）坐姿的基本要领

坐姿礼仪

（1）入座时要稳。首先走到座位前面，然后转身并轻稳地坐下，切忌沉重地落座。如果女士穿的是裙装，坐下前，还要用双手从臀部由上往下将裙子轻拢一下，以保持裙边平整、不起皱，并且防止走光。

（2）落座后，要遵守以下要领：

❖ 上身挺直：头部端正，双目平视，嘴唇微闭，双肩放平，腰部挺直。

❖ 四肢摆好：两臂自然弯曲，双手放在腿上，双膝并拢，双腿正放或侧放。

❖ 椅面不满：在座时，宜坐满椅子的1/2～2/3，而不宜坐满椅面。

❖ 侧坐交谈：与邻座交谈时，可以侧坐，此时上体与腿应同时转向一侧。

（3）离座时，先将右脚后退半步，找到支撑点后起立，起立时应保持上身平稳端正，切勿向前哈腰或向左右摇摆。

（二）女士的坐姿

在商务场合，女士的坐姿主要可分为标准式、侧点式、交叉式和重叠式四种。

1. 标准式坐姿

上身与大腿、大腿与小腿、小腿与地面均成直角，双腿并拢，双膝紧贴，双脚并排靠拢，双手虎口相交置于左腿上，如图 3-3（a）所示。

2. 侧点式坐姿

上身端正，双膝紧贴，两小腿并拢平移至身体一侧，与地面约呈 45°，双脚平放或点地，双手互握于腹前一侧，如图 3-3（b）所示。

3. 交叉式坐姿

上身端正，双膝紧贴，双脚在踝关节处交叉后略向身体一侧斜放，一脚着地，另一脚点地，双手互握置于腹前一侧，如图 3-3（c）所示。采用这种坐姿时，也可将双脚交叉略向后收。

4. 重叠式坐姿

上身端正，两小腿平移至身体左侧，与地面约呈 45°角，右腿重叠于左腿之上，右脚挂于左脚踝关节处，脚尖向下，左脚掌着地，双手虎口相交置于右腿上，如图 3-3（d）所示。也可以交换两腿的上下位置，将左腿重叠于右腿之上，并将两小腿移至身体右侧。

（a）标准式坐姿

（b）侧点式坐姿

（c）交叉式坐姿

（d）重叠式坐姿

图 3-3　女士的坐姿

（三）男士的坐姿

在商务场合，男士的坐姿主要可分为开膝式和重叠式两种。

1. 开膝式坐姿

上身与大腿、大腿与小腿、小腿与地面均成直角，双膝、双脚自然分开（不超过肩宽），脚尖朝前，双手分别放于两腿上，如图 3-4（a）所示。

2. 重叠式坐姿

上身保持端正，左小腿垂直于地面，右腿叠于左腿上，右小腿向里收，右脚尖向下倾，双手互握置于右腿上，如图 3-4（b）所示。采用这种坐姿时，交叠的双腿可以互换位置。

（a）开膝式坐姿

（b）重叠式坐姿

图 3-4　男士的坐姿

（四）坐姿的注意事项

落座后切忌出现以下姿态：

（1）身体前倾或后仰，瘫坐在椅子或沙发上。

（2）双手夹在两腿中间或放在臀部下面。

（3）跷二郎腿、双腿叉开或者双腿伸得很远。

（4）脚部抖动、蹬踏他物或脚尖指向他人。

礼仪训练营

由老师带领同学们练习入座、在座、离座的动作，以及男士、女士的各种坐姿；然后以小组为单位进行训练。最后，请同学们分组讨论并示范男士和女士的正确坐姿，以及需要避免的坐姿，互相观察，并纠正姿势。

三、走姿礼仪

走姿礼仪

走姿是人在行走过程中所形成的姿态。正确、优美的走姿能够反映出充满活力的精神状态，给人以美的享受。

（一）走姿的基本要领

（1）步态端正。行走时昂首挺胸，收腹提臀，双肩放平、下沉，双目平视，重心稍向前倾，双臂自然地前后摆动，摆幅为 30～40 厘米，前摆幅大于后摆幅；掌心朝内，手指自然弯曲；脚尖伸向正前方，脚跟先于脚掌着地。

（2）步位平直。步位是指脚落地时的位置。男士行走时应两脚平行前行，两脚内侧着地的轨迹不在一条直线上，步位路线呈两条平行线。女士行走时应以脚尖正对着前方，步位路线应尽可能呈一条直线。

（3）步幅适中。步幅是指跨步时两脚之间的距离。男士的步幅一般约为 40 厘米，女士的步幅一般约为 30 厘米。

（4）风格有别。男士应步伐矫健、稳重，展现阳刚之美；女士应步伐轻盈娴雅，展现阴柔之美。

（二）走姿的注意事项

走路时切忌出现以下姿态：

（1）身体不挺直，有弯腰驼背的不良习惯。

（2）走路呈“内八字”或“外八字”。

（3）拖蹭地板、跳着走路或踮脚走路。

（4）身体不稳、摇头晃脑或晃臂扭腰。

（5）上下楼梯时弯腰弓背、手撑大腿或一步踏两三级台阶。

（6）行走时与其他人相距过近或与他人发生身体碰撞。

（7）多人一起并排行走或搂肩搭背。

（8）行走时尾随他人，甚至对其进行窥视围观或指指点点。

礼仪故事

小李和小王都是业绩优秀的员工。然而，公司每次有重大的活动时领导都会让小王去主持，小李百思不得其解，向朋友抱怨道：“领导为什么只重用小王，而对我的才能就视而不见呢？”朋友说：“如果是我，我也会重用小王。虽然你们的能力差不多，但是你们给人的整体感觉不一样。小王在日常工作中行姿端正，步伐稳健有力，步履自然，行走如风，显得沉稳、大方、干练，充满活力与自信；而你总是弯腰驼背，步履蹒跚，给人一种缺乏活力且十分不自信的感觉。领导把活动的主持工作交给小王，自然放心。”

礼仪训练营

学生可按照以下方法练习走姿：

（1）女士沿着画的直线或地面砖的直线缝隙进行直线行走练习，男士则沿着两条平行线进行直线行走练习。

（2）顶书练习，练习者以立正姿势站好，出左脚时，脚跟先着地，迅速过渡到脚尖，脚尖稍向外，右脚动作同左脚，保持正确的步幅和节奏，注意抬头挺胸、收腹，以及手臂自然摆动。

四、蹲姿礼仪

蹲是由站立的姿势转变为两腿弯曲和身体高度下降的姿势。正确、恰当的蹲姿能够体现良好的修养和风度，反之则会有损形象。

蹲姿礼仪

（一）蹲姿的基本要领

正确的蹲姿应符合以下要求：上身保持端正，一只脚向后撤半步，身体重心落在后方的腿上，然后直腰下蹲，平缓屈腿，臀部下移，双膝一高一低。下蹲取物或工作完毕后，挺直腰部，平稳起立、收步。

（二）常用的蹲姿

1. 高低式蹲姿

下蹲时，左脚在前，脚掌完全着地，右脚在后，脚掌着地、脚跟提起；屈腿下蹲后，左小腿基本垂直于地面或与地面呈60°，右腿居后，右膝低于左膝，形成左高右低的姿态。采用这种蹲姿时，左、右脚可以互换。男士采用这种蹲姿时，可将两腿适当分开，双手分别置于两腿上，如图 3-5（a）所示；女士采用这种蹲姿时，应将两腿靠紧，并可略微侧转，双手互握置于右腿上，如图 3-5（b）所示。

2. 交叉式蹲姿

下蹲时，左脚在前，脚掌完全着地，右脚在后，脚掌着地、脚跟提起；屈腿下蹲后，左小腿基本垂直于地面，右腿从左腿下方伸向左侧，两腿交叉重叠，合理支撑身体，腰背挺直、略向前倾，双手互握置于左腿上，如图 3-6 所示。这种蹲姿的造型优美典雅，适用于女性。采用这种蹲姿时，可左、右腿互换。

（a）男士高低式蹲姿

（b）女士高低式蹲姿

图 3-5　高低式蹲姿

图 3-6　交叉式蹲姿

（三）蹲姿的注意事项

下蹲时切忌出现以下姿态：

（1）弯腰拾取物品时两腿叉开、臀部向后撅起，或者两腿张开、平衡下蹲。

（2）下蹲时东张西望或弯腰屈背。

（3）下蹲速度过快。

（4）下蹲时漏出内衣。

（5）蹲在椅子上，或者在公共场合蹲着休息。

五、表情礼仪

表情是指人的面部情态。表情是一种无声的语言，是人的思想感情和内在情绪的外在表现，是商务人员在商务交往中相互沟通的形式之一。商务人员用表情表达情感时，目光和笑容是最具表现力的。

（一）目光

目光，也称为眼神，是面部表情的核心，它能够生动地反映一个人的心理活动。在商务活动中，目光坦诚、亲切、友善、炯炯有神，才能树立良好的交际形象。

1. 目光注视的要求

（1）角度正确。从注视角度来说，宜平视或仰视对方，以表示平等或尊重。而不可斜视、俯视、扫视对方，甚至不看对方。

（2）部位恰当。从注视部位来说，在商务活动中，特别是在洽谈、磋商和谈判等场合，目光注视的部位一般为对方的额头和眼睛之间的区域。这种注视能使商务人员显得严肃、认真。

（3）时间适宜。一般情况下，目光注视对方的时间宜占与之相处时间的30%～60%，以表示友好和重视；注视时间不到全部相处时间的30%，就意味着轻视；而注视时间超过全部相处时间的60%，则意味着有敌意或者有寻衅滋事的嫌疑，是非常失礼的行为。

2. 目光的运用

（1）在与人见面时，应当用专注的目光正视对方片刻，并表现出喜悦与热情；对于初次见面的人，还应在行注目礼的同时微微点一下头，以表示尊重。

（2）在谈话过程中，可用柔和、友善的目光正视对方，以表示对对方的谈话内容感兴趣；对方因说了错误的话而拘谨或紧张时，商务人员应当用理解的目光继续注视对方，而不应马上转移视线。

（3）为他人送别时应用惜别的目光目送对方走远，直至其走出一段路且不再回头，以示尊重。

（二）笑容

笑容是商务交往中的润滑剂，可以有效地增添自信、美化形象、传递友好、消除隔阂，缩短与交往对象之间的心理距离，为进一步的沟通与合作创造良好氛围。

1. 笑容的种类

（1）含笑，即不出声，不露齿，只是面带笑意，通常表示友善或接纳。

（2）微笑，即嘴角微微上扬，唇部呈弧形，齿不外露，面带笑意，通常表示自信或友好。

（3）轻笑，即嘴巴微张，嘴角上扬，露出上齿，喜形于色，不发出笑声，通常表示欣喜或愉快。

2. 笑容的要求

（1）笑容和谐。笑的时候应协调眉毛、眼神、嘴巴、牙齿和面部肌肉，展示亲切、大方的和谐美。

（2）声情并茂。笑的时候应注意将笑容与美好的举止、谈吐相结合，使其相得益彰。

（3）发自内心。笑的时候必须真诚自然、表里如一，切忌强颜欢笑、假意奉承、放肆大笑，也不可假笑、冷笑、怪笑、傻笑、媚笑、窃笑、怯笑等。

礼仪故事

在苏州某宾馆，一位客人外出后，他的一位朋友来访，要求进入他的房间去等候。由于客人事先没有留言交代，因此总台服务员没有答应来访人员的要求。客人回来后见朋友还坐在大堂沙发上等候，十分不悦，便与服务员争执起来。

大堂副经理小李闻讯赶来，刚开口解释，客人就把她作为泄怒的对象，指着她呵斥起来。小李明白在这种情况下做任何解释都是毫无意义的，于是采取冷处理的办法——让客人尽情发泄，自己则默默地看着客人并“洗耳恭听”，脸上始终保持着亲切友好的微笑。一直等到客人把话说完并平静下来后，小李才心平气和地告诉客人酒店的有关规定，并对刚才发生的事情表示歉意。客人接受了小李的劝说，并诚恳地表示：“你的微笑征服了我，而我刚才那么冲动，真的很不应该！希望下次来宾馆时能有幸再见到你亲切的微笑。”

实践训练

仪态训练全记录

任务概述

由于刚开始工作不久，小叶在面对客户时总是有些紧张、不自信，害怕自己哪里做得不对，与客户交谈时常常低头、目光躲闪。看着自己的同事在面对客户时举止优雅端庄、言谈自信得体，小叶十分羡慕。

假如你是小叶，请根据所学知识训练自己的仪态礼仪，以使自己的个人形象更加完美，言谈举止更加端正、自信。

任务分组

全班学生以8～10人为一组进行分组，各组选出组长并进行任务分工，将小组成员及分工情况填入表3-1。

表 3-1　小组成员及分工情况

班级________　　组号________　　指导教师________

小组成员	姓名	学号	组员职责
组长			
组员			

任务准备

（1）回忆所学知识，熟记站姿、坐姿、走姿、蹲姿的动作要领，以及表情的运用要点。

（2）学习视频拍摄技巧。

任务实施

进行仪态礼仪训练，确定活动开展时间（具体日期、时间段），并将具体实施情况记录在表 3-2 中。

表 3-2　实施情况记录表

时间安排	实施步骤
	1. 以小组为单位进行仪态礼仪训练 （分别进行统一练习和个别练习，学生相互纠正。练习时可进行摄像，然后播放录像，了解自己的各种姿势是否正确、动作是否到位。）
	2. 请教师进行指导和纠正，并反复训练以达到标准要求

续表

时间安排	实施步骤
	3．以小组为单位设计情景，应用仪态礼仪 （每个小组设计 1～2 个小情景，进行排演，熟悉仪态礼仪的运用。排演时可进行摄像。）

评价反馈

各组配合指导教师完成如表 3-3 所示的考核评价表。

表 3-3　考核评价表

<table>
<tr><th rowspan="2">项目名称</th><th rowspan="2">评价内容</th><th rowspan="2">分值</th><th colspan="3">评价分数</th></tr>
<tr><th>自评</th><th>互评</th><th>师评</th></tr>
<tr><td rowspan="2">知识与技能考核 50%</td><td>熟记站姿、坐姿、走姿、蹲姿的动作要领，并通过反复训练达到标准要求</td><td>30 分</td><td></td><td></td><td></td></tr>
<tr><td>掌握表情的运用要点，能够在情景演练时正确运用表情语言</td><td>20 分</td><td></td><td></td><td></td></tr>
<tr><td rowspan="2">成果考核 30%</td><td>所设计情景情节合理，具有可实施性</td><td>15 分</td><td></td><td></td><td></td></tr>
<tr><td>所拍摄视频清晰、流畅，且完整记录活动过程</td><td>15 分</td><td></td><td></td><td></td></tr>
<tr><td rowspan="3">综合素质考核 20%</td><td>积极实施任务</td><td>5 分</td><td></td><td></td><td></td></tr>
<tr><td>具备良好的团队合作意识</td><td>5 分</td><td></td><td></td><td></td></tr>
<tr><td>思维开阔，具有创新意识</td><td>10 分</td><td></td><td></td><td></td></tr>
<tr><td colspan="2">合计</td><td>100 分</td><td></td><td></td><td></td></tr>
<tr><td>总评</td><td>自评（20%）+互评（20%）+师评（60%）=</td><td colspan="4">教师（签名）：</td></tr>
</table>

彬彬有礼

——商务交往礼仪篇

引言

任何一个商务人员都需要与外界进行交往。在交往过程中，与他人见面打招呼、介绍、递送名片、馈赠礼物等都是经常遇到的情况，只有知礼、懂礼、守礼，以及恰到好处地施礼，才能拉近与交往对象之间的距离，推进商务活动的顺利开展。

那么，商务交往礼仪具体包括哪些内容？在商务场合，我们应该如何称呼别人，如何进行自我介绍，如何递接名片？在商务活动中，又该如何礼貌地接打电话，如何礼貌地进行拜访与接待呢？基于以上问题，本项目从见面礼仪、电话礼仪、拜访与接待礼仪、馈赠与受赠礼仪四个方面对商务交往礼仪进行了详细介绍。

学习目标

知识目标
ZHISHI MUBIAO

- 掌握商务场合的称呼礼仪、握手礼仪、介绍礼仪和名片礼仪
- 明确商务交往中拜访与接待礼仪的规范与要求
- 掌握馈赠与受赠礼仪
- 熟悉拨打、接听电话的礼仪，以及使用手机的礼仪

技能目标
JINENG MUBIAO

- 能够在商务场合灵活运用合乎规范的见面礼仪
- 能够根据商务交往活动的具体情况，正确运用拜访与接待的知识和技能
- 能够在商务交往活动中，适当地进行馈赠
- 能够在商务交往活动中，礼貌地拨打和接听电话，并对重要通话内容进行记录

素质目标
SUZHI MUBIAO

- 树立讲文明、懂礼貌的意识，做文明有礼的好青年
- 树立合作意识，提升合作能力

专题四　有礼有节显尊重——见面礼仪

情景案例

商业聚会上碰壁的孙先生

在一次商业聚会上，孙先生穿着一身名牌，信心百倍地走进会场。他一眼看到自己很想结交的知名企业总经理陆总，于是直接走上前去，伸出手，自我介绍道："陆总，您好！我是××公司的经理孙××。"陆总伸出手，与他轻轻握了握，之后并没有理睬孙先生，而是与其他人寒暄去了，没有留给孙先生搭讪的机会。

孙先生有些无趣，只好转向寻找其他的自己觉得有必要交往的人。这时有一位先生与他擦肩而过，那位先生礼貌性地点头致意，孙先生满脑子想的是：这个人我认识吗？他是谁？所以有些木然地走过去了。不久，孙先生才得知刚才与自己擦肩而过的是一位很成功的人士，而且正是自己想结交的能够在生意场上给自己很大帮助的人。

思考

孙先生在聚会上的表现有哪些失礼之处？想要认识某人时，我们该如何做？

见面礼仪是商务交往礼仪中最常用、最基础的礼仪，商务人员之间的交往都要用到见面礼仪。

一、称呼礼仪

称呼是商务人员在商务交往中所采用的彼此之间的称谓。称呼礼仪是指称呼他人时所应遵循的礼仪规范，它是商务交往中不可或缺的礼仪因素。

（一）称呼的方式

通常，称呼可分为职务性称呼、职称性称呼、职业性称呼、姓名性称呼和性别性称呼。商务人员应根据具体情况选择合适的称呼。

1．职务性称呼

职务性称呼，即以交往对象的职务相称，以示身份有别、敬意有加。这种称呼具体可分为以下 3 种形式：

（1）仅称职务，如“经理”“主任”等。

（2）在职务前加上姓氏，如“周经理”“王处长”等。

（3）在职务前加上姓名，如“胡林涛总经理”“郑乐云主任”等。需要注意的是，这种称呼通常仅适用于极其正式的场合。

2．职称性称呼

职称性称呼，即对于有职称的人，尤其是具有高级或中级职称的人，直接以其职称相称。这种称呼具体可分为以下 3 种形式：

（1）仅称职称，如“教授”“工程师”等。

（2）在职称前加上姓氏，如“李教授”“王工程师”等。这种称呼有时也可简化，如将“王工程师”简称为“王工”，但其使用前提是不会产生歧义让人误会。

（3）在职称前加上姓名，如“李明教授”“王涛工程师”等。这种称呼通常适用于比较正式的场合。

3．职业性称呼

职业性称呼，即对于从事某些特定职业的人，直接称呼其职业，如称警察为“警官”，称医护人员为“医生”“护士”等。一般而言，此类称呼前均可加上被称呼者的姓氏或姓名。

4．姓名性称呼

姓名性称呼，即直接称呼交往对象的姓名。这种称呼与日常交往中对朋友、熟人的称呼相似，可根据具体情况直呼对方姓名，或只称其姓，不呼其名；或只呼其名，不称其姓。其中，只呼其名，不称其姓的称呼方式通常限于同性之间，且常适用于上级称呼下级。

5．性别性称呼

性别性称呼，即根据交往对象的性别称其为“先生”或“女士”。当了解到对方的姓氏时，必须第一时间在称呼前加上对方的姓氏。此外，在国际商务场合，通常还可称已婚女性为“夫人”。

（二）称呼的基本原则

商务人员在称呼他人时应遵循有礼有序、入乡随俗的原则。

1. 有礼有序

称呼他人应当按照一定的顺序进行，通常的顺序是先职位高者后职位低者、先长辈后同辈、先陌生人后熟人。

2. 入乡随俗

由于称呼可能会因国情、民族、宗教、文化背景的不同而不同，因而，称呼他人时应当照顾被称呼者所在地的习俗。

（三）使用称呼的注意事项

- 不要在公共场合使用爱称或者念错他人的姓名。
- 不要错误地判断他人的年龄、辈分、婚否（如将未婚妇女称为“夫人”等）及其与他人的关系（如李小姐与张先生并非夫妻，却称李小姐为“张夫人”等）。
- 不要使用庸俗的称谓，如哥们儿、姐们儿等。
- 不要使用不通行的称谓。例如，北方某些地区的人喜欢称呼他人为“伙计”，但该称呼在南方人听来则是“打工仔”的意思。
- 避免语音不当的称呼。有些姓氏和普通称呼搭配时的语音，会让人产生误会或陷入尴尬局面。例如，称姓付的局长为“付局长”，可能会使人误认为其为副职。

二、握手礼仪

握手礼仪

握手是商务场合中最常用的一种礼节，它可以传达欢迎、惜别、祝贺、鼓励、感谢、慰问、信任等情感，能够促进交往双方之间的沟通与交流。

（一）握手的姿势

同性握手时，距离对方约一步（75 厘米左右），双脚立正，上身略向前倾，左臂下垂，右肘关节微屈，右前臂抬至腰部，伸出右手，四指并拢、拇指张开，与对方右手的虎口交叉、相握，如图 4-1 所示。为了表示真诚和热烈，可以握住对方的手上下轻轻摇晃几下。需要注意的是，男士与女士握手时，一般只宜轻握女士的手指部分，如图 4-2 所示。

图 4-1　同性握手姿势

图 4-2　男士与女士握手姿势

（二）握手的要领

（1）神态。握手时，应面带微笑，目视对方的眼睛，神态自然、热情、专注，以体现对对方的友好和尊重。

（2）力度。握手的力度应当适中，不可过大也不可过小。力度过大，会让人承受不了或给人以粗鲁感；毫无力度或伸而不握，会给人以敷衍或缺乏热忱之感。具体而言，若对方是亲友，则握手力度可稍大一些；若对方是异性或初次相识者，则握手力度不可过大。

（3）时间。握手的时间通常以 3～5 秒为宜，不可过短也不可过长。时间过短，会给人以敷衍之感；时间过长，特别是对于异性或初次相识者，可能会使对方误会或不快。

（三）握手的顺序

握手时，讲究伸手的先后顺序。一般而言，握手顺序主要取决于性别、职位和身份等，遵循“尊者为先”的原则，具体规则如下：

- 女士优先：女士先伸出手，男士才能伸手与之相握。
- 长者优先：年长者伸出手后，年轻者才可伸手相握。
- 职位高者优先：职位高者伸出手后，职位低者才可伸手相握。
- 迎送客时分先后：迎客时，主人应先伸出手，主动与客人握手，以表示欢迎；送客时，主人不可主动握手，而应待客人伸手握别时才可与之握手，否则会有逐客之嫌。
- 先到者优先：先到者与后到者握手时，应由先到者先伸出手。

若一个人需要和多人握手，则握手时应遵循“先尊后卑”的原则；若握手对象的尊卑差别不明显，则应按照顺时针或由近及远的顺序挨个进行，切勿顾此失彼。

小贴士

握手的顺序规则主要是用来律己的，而不是用来苛求他人的。在商务交往中，当他人伸出手与自己握手时，即使其违反了握手的顺序规则，我们也应积极地伸手与其相握，否则是有失礼仪的。

（四）握手的禁忌

- 切忌用左手与他人握手，如信奉伊斯兰教和印度教的人认为左手是不洁净之手，用左手握手有侮辱对方的意思。
- 切忌戴着手套、墨镜或帽子与他人握手，但女士着礼服、戴薄纱手套时例外。
- 切忌拒绝与他人握手，若有手疾或手不干净，则应说明缘由，以免造成误会。
- 切忌交叉握手（即当两人握手时，第三人将胳膊从二人的胳膊上方伸过去与其他人握手），而应待他人握手结束后，再伸手相握。
- 握手时，切忌将另外一只手插在衣袋里等不礼貌的动作。
- 握手时，切忌左顾右盼、心不在焉或面无表情。
- 切忌在与他人握手后立即擦拭自己的手或洗手。

三、介绍礼仪

介绍是指通过自己主动沟通或通过第三人从中沟通，从而使交往双方相互认识、建立联系的一种社交方式。常用的介绍方式主要有自我介绍和介绍他人。

（一）自我介绍

自我介绍是指与他人初次见面时，将自己介绍给他人，使其认识自己。合乎礼仪的自我介绍能够有效地展示个人修养和魅力，给他人留下良好印象。

1. 自我介绍的方式

一般而言，自我介绍的方式主要有以下几种：

（1）应酬式自我介绍，主要适用于某些公共场合和一般的社交场合（如旅途中、舞会上等），用于向对方表明自己的身份，如“您好！我叫张丽”。

（2）公务式自我介绍，主要适用于工作场合，其内容应包括姓名、所在单位及部门、担任的职务等。例如：“您好！我叫王红敏，是宏达日用品公司的业务经理。”

（3）交流式自我介绍，主要适用于一般的商务社交场合，通常用于寻求与交往对象的进一步交流和沟通。这种自我介绍的内容一般包括姓名、工作、籍贯、爱好，以及与交往对象有某些联系的事物。例如："您好！我叫张静芬，在昌隆外贸公司工作，河北人。我和您一样，喜欢打羽毛球。""您好！我叫李彤，在新时空传媒公司工作。您的同学赵波是我的同事，他常向我提起您。"

（4）礼仪式自我介绍，主要适用于讲座、报告、演出、庆典、仪式等一些正式而隆重的商务社交场合，用于向交往对象表示友好和敬意。这种自我介绍的内容包括姓名、单位、职务等，同时，还应加入一些表示欢迎、感谢之类的谦辞、敬辞等。例如："各位来宾，大家好！我叫张萌，是新时空传媒公司的业务经理。我代表本公司全体员工欢迎大家参加今天的周年庆典，愿各位在此度过一个美好的周末。"

（5）问答式自我介绍，主要适用于应试、应聘、公务交往等场合，其主要特点是"你问我答"。这种自我介绍的内容应与交往对象所提的问题相对应。例如：主考官说"您好！请介绍一下你的基本情况"，应聘者回答"您好！我叫李兴然，24 岁，河南洛阳人，汉族……"

2. 自我介绍的注意事项

在进行自我介绍时，除了应注意方式之外，还应注意以下事项：

（1）注意顺序。多人相互自我介绍时，通常应按照以下顺序进行：① 主人与客人相互介绍时，主人应先做自我介绍；② 男士与女士相互介绍时，男士应先做自我介绍；③ 长辈与晚辈相互介绍时，晚辈应先做自我介绍；④ 职位高者与职位低者相互介绍时，职位低者应先做自我介绍。

（2）讲究态度。进行自我介绍时，一般应保持站立姿势，面带微笑，目光坦然，语气平和，举止庄重、大方，表现出亲切、自然、友善的态度。

（3）把握时间。首先，自我介绍应在对方有空闲、情绪较好、有兴趣认识自己时等合适的时间点进行，切勿在对方休息、用餐、忙于处理事务、心情不好时等时间点进行，否则可能会引起对方的反感，不利于进一步沟通。其次，自我介绍的时间一般应控制在一分钟之内，否则会显得啰唆，易使对方厌烦。

（二）介绍他人

介绍他人是指作为第三方为彼此不相识的双方引见，使他们相互认识、建立联系。其中，被介绍的双方为被介绍人，介绍双方的人为介绍人。介绍人通常由商务活动中的东道主、身份较高的人士或礼仪专职人员担任。

1. 介绍他人的方式

介绍他人时，应根据不同场合或不同需要，采用不同的方式进行。通常，介绍他人的方式有以下几种：

（1）标准式介绍，主要适用于正式的商务场合，其内容以被介绍人的姓名、单位、职务等为主。例如：“李总，您好！请允许我为您介绍，这位是宏丰公司的销售部经理张明先生。张经理，这位是富盛公司的总经理李勇先生。”

（2）简介式介绍，主要适用于一般的商务场合，其内容往往只包括被介绍人的姓名。例如：“您好！我来介绍一下，这位是王芳，这位是张栩。二位彼此认识一下吧。”

（3）强调式介绍，可适用于各种商务交际场合，其特点是介绍人刻意强调自己与其中某位被介绍人之间的关系，以便引起另一位被介绍人的重视。例如：“张经理，您好！请允许我介绍一下，这位是刘艳，在灵感传媒有限公司工作，是我的侄女，请您多多关照！刘艳，这位是宏丰公司的销售部经理张明先生。”

（4）推荐式介绍，通常适用于比较正式的商务场合，其特点是介绍人将某位被介绍人举荐给另一位被介绍人，并着重介绍前者的优点或专长。例如：“曾总，您好！这位是东方科技公司的王智先生。王先生是一位经济学博士，而且是一位企业管理方面的专业人士。我相信王先生能给您提供一些管理方面的好建议。”

2．介绍他人的顺序

在商务场合中，介绍他人的顺序大致有以下几种：① 先将男士介绍给女士；② 先将晚辈介绍给长辈；③ 先将职位低者介绍给职位高者；④ 先将晚到者介绍给早到者。

若被介绍的其中一方人数众多，则一般应按照职位高低的顺序依次介绍贵宾，按照座位顺序、顺时针或逆时针顺序依次介绍没有明显的职位高低之分或长幼之分的人。切勿“跳跃式”地进行，以免显得厚此薄彼。

3．介绍他人时的注意事项

介绍人在介绍他人时除了应注意方式和顺序外，还应注意以下事项：

（1）了解情况和意愿。在介绍他人之前，介绍人应先了解一下被介绍人双方的情况，以免张冠李戴。同时，应先征求一下双方的意愿，以免为本来相识或不愿相识的双方去做介绍，致使三方尴尬。

（2）注意态度和姿势。介绍他人时，介绍人应态度友好、仪态文雅。一般而言，介绍人应站在被介绍人双方的中间，上身略微前倾，掌心向上，五指并拢、伸直，前臂绷直并略向外伸，指向被介绍人的其中一方，同时，面带微笑地注视另一方。切忌用手拍打被介绍人的肩、胳膊、腰等部位。

（3）把握语言和时间。介绍他人应当言辞准确，完整地表述被介绍人的姓名和头衔，不可含糊其词。同时，介绍的语言应简洁，以便双方能相互记住对方的姓名及基本信息。

此外，介绍时应避免厚此薄彼，否则，有失礼仪。介绍的时间不宜过长，通常应控制在两分钟之内。

（4）注意引导。介绍他人结束后，介绍人应稍停片刻，引导被介绍人双方进行交谈后再离开。

四、名片礼仪

名片是一种记录了个人主要信息的精美卡片，它能够表明个人身份、体现个人风格。在商务活动中，恰当地使用名片能够有效地显示自己的涵养与风度，促进人际交往与沟通。

名片礼仪

（一）名片的用途

1. 自我介绍

名片是自我介绍的重要辅助工具。与交往对象初次见面时，可以使用名片向对方做自我介绍。这样可以表明身份、节省时间并强化效果。

2. 保持联络

名片上通常记录了联系方式。在商务交往中，向他人递送名片或与之互换名片，能够获得一定的联系方式，以便与对方保持联络，进而促进交往与合作。

3. 通报变更

当更换了单位、调整了职务或更换了电话号码时，将变更了信息的名片递交给曾经的交往对象，就能将自己的最新情况告诉对方，以使彼此的联系保持畅通。

4. 拜会他人

初次前往他人工作单位或住所时，可将自己的名片交给对方的接待人员，由其转交给被拜访者，以便对方确认身份后再决定是否见面，以避免冒昧造访而引起他人反感。

5. 充当留言单

当拜访某人而不遇时，可用铅笔在本人名片上简单写上具体事由，并在名片左下角写上“n.b.”（意为“请注意”），然后托他人转交给对方，以便对方见到名片时“如见其人”并知晓其事，避免误事。

知识拓展

名片上缩写文字的含义

按照国际流行的做法，用铅笔在名片左下方写上以下缩写的法文，可以表示特定的含义：

n.b.表示“请注意”，通常用于提醒对方留意附言。

p.m.表示“备忘”，通常用于提醒对方注意某事。

p.p.表示“介绍”，通常用于向对方介绍某人。

p.f.表示“祝贺”，通常用于恭贺节日或其他固定纪念日。

p.f.n.a.表示“恭贺新禧”或“新年愉快”。

p.c.表示“谨唁”，通常在悼念逝者时使用，以表示慰问。

p.p.n.表示“慰问”，通常用于问候病人。

p.p.c.表示“辞行”，通常用于向他人告别。

p.r.表示“谨谢”，通常用于在收到礼物或受到款待后表示感谢。

（二）名片的使用

1. 准备名片

商务人员应有意识地准备足够数量的名片（必须完整、洁净、平整、有序），并将其放入专门的名片夹内，装入上衣口袋或随身携带的公文包中，以便拿取。

切忌将名片放在钱包、裤袋或裙兜里，否则，是非常失礼的。此外，不可将名片与接收的他人名片混放在一起，以免慌乱中误将他人名片递送出去而导致误解。

2. 递送名片

在商务交往中，若希望结识他人或与他人建立联系，可以主动向其递送名片。递送名片时应当遵守以下礼仪规范：

（1）把握时机。递送名片应把握适宜的时机，不宜过早或过晚。通常，在以下情况下递送名片最合适：① 与对方初次见面或握手告别时；② 与对方相谈甚欢时；③ 被他人介绍给对方时；④ 对方提议交换名片或向自己索要名片时。

（2）态度恭敬。递送名片时，应主动起身并走近对方，面带微笑，注视对方，将名片正面朝上、文字正对对方，用双手的拇指和食指持握名片上端的两角，举至胸前，上身略微前倾，恭敬地递给对方（见图 4-3），并略道谦恭之语，如“张总，这是我的名片，请多关照”。

小贴士

若在向对方递送名片的同时，对方向自己递送名片，则应暂时放下自己的名片，先接过对方的名片，再递上自己的名片。

3．接受名片

（1）态度恭谦。当他人向自己递送名片时，应立即放下手中的一切事务，起身相迎，面带微笑，目视对方，点头致意，用双手的拇指和食指接住名片下端的两角（见图 4-4），并略道恭谦之语，如“很高兴认识您”“能得到您的名片，我深感荣幸”等。

图 4-3　递送名片的姿势

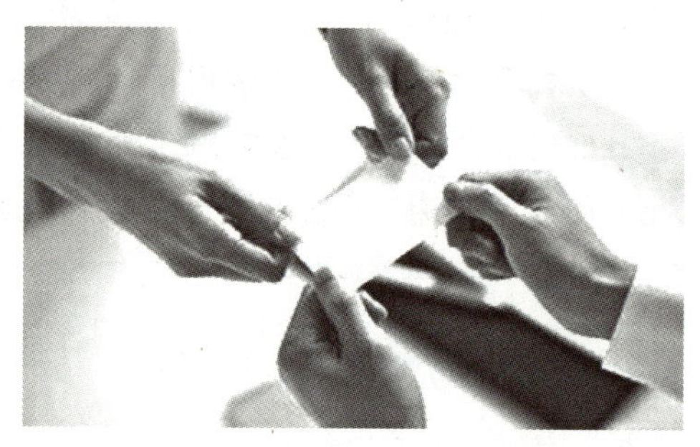

图 4-4　接受名片的姿势

（2）认真阅读。接过名片之后，应认真地将名片内容默读一遍，遇有显示对方荣耀的职务或头衔时，可轻声读出，以示尊敬和敬佩。若对名片内容有所不明，则可当场请教对方，以示重视。切忌在接过他人名片之后，看也不看，就随手放入口袋、放在手中把玩或转交给其他人。

（3）妥善存放。在阅读了对方的名片之后，应谨慎地将其放入名片夹、上衣口袋、公文包或办公桌抽屉里，以示尊重和珍惜。切忌将对方的名片随意扔到桌上、夹到书中、压到杯子下等，否则，就是不尊重对方的表现，会引起对方的反感甚至恼怒。

礼仪故事

某公司经理王某在咖啡厅约见了一位重要客户李某。双方见面后，李某恭敬地向王某递上自己的名片，并有礼貌地说：“王总，您好！这是我的名片。”王某接过名片后草草地看了一下，就将名片随意地放到了桌上，并开始与李某谈论合作事宜。过了一会儿，服务人员端来咖啡并请二位慢用。王某端起咖啡喝了一口，便将咖啡杯放在了李某的名片上。这一举动令李某皱了皱眉头，但王某并没有察觉到。

在接下来的谈话中，李某未与王某就合作事宜进行实质性的洽谈，而是礼貌地寒暄一阵之后就托词告别了。

（4）回递名片。在接受了对方的名片之后，一般应立即回递名片，否则会让对方误认为无意与其交往。若尚无名片、忘带名片或名片用完了，则应向对方说明理由并致以歉意。必要时，可在一张干净的纸上写上自己的相关信息递给对方，或者向对方承诺改日补上。

小贴士

中国人交换名片采用双手递、双手接，而欧美人、阿拉伯人和印度人则习惯于用右手与他人交换名片，日本人则喜欢在一只手接过他人名片的同时用另一只手递上自己的名片。因此，在涉外商务活动中，可先留意一下对方用什么方式交换名片，然后效仿其做法。

4. 索取名片

一般情况下，最好不要向他人索取名片。若确有必要，则可采取委婉的方式向对方索取。

向长辈或身份、地位比自己高的人索取名片时，可谦恭地进行，如：“李总监，非常高兴能够认识您，请问以后怎样向您请教呢？”向平辈或身份、地位与自己相仿的人索取名片时，可暗示性地进行，如：“陈女士，以后如何与你联系呢？”或者直接发问，如：“陈女士，这是我的名片，能否有幸与您交换一下名片，以便日后联系？”

实践训练

谈判代表初见小剧场

任务概述

南京三新胜公司想要与北京东升原公司商谈代理业务，而东升原公司也有意使其成为自身在南京的代理商。为此，三新胜公司委派销售部经理杨志浩带领团队前往北京，与东升原公司进行谈判。而东升原公司则委派市场部总监韩云全权负责此次谈判。

请同学们以小组为单位，分角色扮演三新胜公司和东升原公司的谈判人员，模拟双方机场见面的场景。

任务分组

全班学生以8~10人为一组进行分组，各组选出组长并进行任务分工，将小组成员及分工情况填入表4-1。

表4-1 小组成员及分工情况

班级______ 组号______ 指导教师______

小组成员	姓名	学号	组员职责
组长			
组员			

任务准备

（1）回忆所学知识，掌握称呼礼仪、握手礼仪、介绍礼仪及名片礼仪的要点及运用。

（2）学习视频剪辑技巧。

任务实施

以小组为单位开展情景模拟，确定活动开展时间（具体日期、时间段），并将具体实施情况记录在表4-2中。

表4-2 实施情况记录表

时间安排	实施步骤
	1. 开展小组讨论，创作情景模拟剧本 （设计人物角色、对话等。）

续表

时间安排	实施步骤
	2．进行个人形象准备
	3．开展情景模拟，并通过视频记录情景模拟全过程
	4．回看视频，了解自己在此次情景模拟中有哪些礼仪运用不到位的地方，并记录在下方

评价反馈

各组配合指导教师完成如表 4-3 所示的考核评价表。

表 4-3　考核评价表

项目名称	评价内容	分值	评价分数		
			自评	互评	师评
知识与技能考核 60%	掌握称呼礼仪的要点及运用，能够在情景模拟中得体地称呼交际对象	15 分			
	掌握握手礼仪的要点及运用，在情景模拟中握手动作准确、自然大方	15 分			
	掌握介绍礼仪的要点及运用，能够在情景模拟中礼貌地进行自我介绍或为他人做介绍	15 分			
	掌握名片礼仪的要点及运用，能够在情景模拟中规范地递送和接受名片	15 分			
成果考核 20%	剧本情节合理，逻辑清晰，具有可实施性	10 分			
	所拍摄视频清晰、流畅，且完整记录情景模拟过程	10 分			
综合素质考核 20%	积极实施任务	5 分			
	具备良好的团队合作意识	5 分			
	善于理论联系实际，能够将所学知识应用于情景模拟中	5 分			
	善于反思、总结	5 分			
合计		100 分			
总评	自评（20%）+互评（20%）+师评（60%）＝	教师（签名）：			

专题五　成竹在胸以礼待——电话礼仪

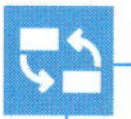

情景案例

礼貌代接，及时转达

杨乐是一家公司财务部的会计。这天，她正在核对公司各部门的报销凭证，这时电话铃响了。她接起电话说："您好！××公司财务部杨乐。请问您找哪位？"对方回答道："您好，我是××公司的财务许××，麻烦找一下贵公司的谭会计。"谭会计是杨乐同办公室的另一位会计，这天刚好有事外出。杨乐说："对不起，谭会计外出办事了，现在不在。您有什么事儿？我可以帮您转告。"对方说："有一份报价单有些疑问，需要向谭会计核实。谭会计回来后，麻烦您转告他给我回个电话，谢谢！"杨乐说完"好的"，便挂了电话，继续整理报销凭证。

一个小时后，谭会计回到了办公室，但杨乐因为忙着手里的工作，而忘记转告谭会计需要回电话的事情了。第二天上午，经理把谭会计叫到办公室说："刚刚××公司的老板打电话来说，有一笔报价账目出了问题，昨天联系你，你却没有回复。"谭会计一脸茫然，回到办公室跟杨乐说起此事，杨乐才想起是自己忘记转告了，急忙向谭会计道歉，并到经理办公室承认错误。

思考

从上述案例来看，杨乐在代接电话中有哪些值得学习的地方，又有哪些需要引以为戒的地方？我们在拨打和接听电话时都需要遵守哪些礼仪规范？

电话是商务活动中必不可少的一种联络工具，为了塑造良好的企业和个人形象，商务人员在使用电话时必须遵守相应的电话礼仪规范。

一、拨打电话的礼仪

（一）选择拨打时间

通常，商务电话应在受话人（即自己打电话所找的人）的工作日拨打，且拨打电话的具体时间应尽量控制在 9:00—11:00 和 14:00—16:00，不要在下班之后打，更不能在深夜、凌晨、午休、用餐和公休假时间打。若确因紧急事项而不得不在不合适的时间打电话给对方时，通话之初应道歉并说明理由。若给国外的客户打电话，则应注意其所在地与国内的时差。

（二）做好通话准备

1. 内容准备

拨打重要电话前，应提前拟出明确的通话要点，并理出通话要点的顺序，备齐与通话内容有关的文件或资料，以免通话时语无伦次或遗漏通话要点。同时，准备好纸和笔，以便通话时记录重要信息。必要时，还应事先想好如何回答通话对象可能问到的问题。

2. 环境准备

拨打电话时，应选择安静的通话环境，并考虑受话人接听电话时所处的环境，切勿在嘈杂吵闹的环境中通话，否则是极不礼貌的。若通话涉及机密或敏感的商业问题，则应确保通话环境的私密性。

（三）耐心拨打

拨打电话时，应耐心地等待对方的回应。一般而言，铃声响过 6 声或大约半分钟后，还是无人接听，就可挂断电话。切忌在铃响未过 3 声时就挂断电话或挂断后重复拨打。

（四）礼貌通话

拨通电话后，首先应向接听人问好，并做自我介绍，然后向对方报出受话人的职衔和姓名，其标准模式为：“您好！我是××公司××部门××（职位）××（姓名），我要找贵公司××（职位）××（姓名）先生/女士。”接着，主动告知接听人来电事由。

若电话是由他人代接的，则应在礼节性的问候之后，使用礼貌用语（如“请”“劳驾”“麻烦”等）请其代为转接。若受话人不在，则可请其转告来电事由，或者征询受话人在位的时间后，选择合适的时间再打。

与受话人通话时，应当语气亲切、声调柔和、语速适中、吐字清晰、语言简洁，要让受话人感受到自己的友好与亲切，切不可高声喊叫、嗲声嗲气或者声音小若耳语。通话时，应时刻注意使用礼貌用语。若通话时电话中断，则最好再次拨通电话予以解释，以免对方以为电话是来电者有意挂断的。

若拨错了电话，则应礼貌地向被打扰者道歉，切忌一声不吭地挂断电话。

（五）控制通话时间

一般而言，商务电话每次的通话时间应当控制在 3 分钟之内。通话结束时，应当礼貌地向受话人告别（如“谢谢您，再见！”或者“有时间再联系”等），然后挂断电话。挂电话时，应轻放听筒，以免引起对方的误会。

（六）有序挂断

挂断电话时，通常应遵循如下规则：① 男士与女士通话时，由女士先挂断，男士后挂断；② 同级别的人通话时，原则上由打电话者先挂断，接电话者后挂断；③ 上级与下级通话时，由上级先挂断，下级后挂断。

二、接听电话的礼仪

接打电话的礼仪

（一）及时接听，礼貌应答

电话铃响后，应及时接听，切忌拖延、不接或直接挂断。一般而言，接听电话应遵守“铃响不过三声”的原则，以免发话人久等。若电话铃响超过三声才接听电话，则应在通话时先向发话人道歉，如“对不起，让您久等了”等。

通话时，首先应向发话人问好并做自我介绍，如“您好！××公司××部门××（本人姓名），请讲”等。

若自己就是受话人，则应礼貌地应答发话人。若自己不是受话人，则应礼貌地询问对方要找的受话人，并热情、迅速地为其转接，切忌漠然视之、挂断电话或在电话旁大声喊叫受话人的名字。

若受话人不在或不方便接听电话，则应向发话人致歉，并让其稍后再拨，如“对不起，他现在不在，您可以 10 分钟后再打吗？”等；或者询问发话人是否需要转告留言，并记下其姓名及电话，切忌让发话人久等或直接挂断电话。

若对方拨错了电话，则应自报家门，友好地告知或提醒对方，切忌表露出愤怒或不耐烦的情绪，甚至斥责对方。

课堂互动

秘书小马桌前两台电话同时响起，小马手忙脚乱，一会儿拿起这个电话，一会儿拿起那个电话，结果两个客户都很不高兴。

假如你是小马，你会如何处理这种情况？请与周围的同学进行讨论，并3人一组进行情景演练。

（二）仔细倾听，做好记录

无论自己是受话人还是代接人，都应当仔细倾听发话人的讲话，并不时地回应对方（如说“恩”“哦”“是的”“好的”之类的话），让对方感受到自己在被倾听，切忌默不作声或轻易打断对方的话。

同时，在通话过程中应做好通话记录（包括发话人的来电时间、姓名、来电事由等内容），以便准确转达或避免遗忘。

（三）结束通话，礼貌挂断

接听电话的一方不宜率先提出结束通话的要求，而应让对方先提出。若确有急事需要中止通话，则应向发话人说明原因、表示歉意，并再约时间，主动拨打给对方，且在下次通话时再次向对方致歉。

若遇发话人打起电话没完没了，则应采取委婉、含蓄的方式对其进行提醒（如“我不再占用您的宝贵时间了，下次再聊吧”），切忌说让对方难堪的话（如“你说完了吗？”）或直接挂断。

三、使用手机的礼仪

手机是一种移动电话，它已成为现代商务人员使用最频繁的电子通信工具。商务人员在使用手机时，除要遵循上述拨打、接听电话的礼仪规范外，还应当注意以下几点：

（1）置放到位。携带手机时，应将其放在合乎礼仪且便于拿取的位置。通常，男士的手机应放在公文包或西裤侧袋中，女士的手机应放在手袋内，切忌总将手机拿在手里或挂在脖子上。

（2）保持畅通。为了与外界保持联络，商务人员应准确无误地将手机号码告知交往对象，并尽量保证手机的话费和电池电量充足。若更换了手机号码，则应及时通报各交往对象，以免联系就此中断。

（3）铃声恰当。商务人员应尽量选用相对传统的手机铃声，切勿选用过分怪异、夸张或个性的铃声。此外，铃声的音量不可过大，以免手机铃声响起时影响他人。

（4）注重场合。商务人员使用手机时应选择合适的场合，以免给他人带来不便。通常，在商务会议、庆典或签约仪式、宴会等场合，应将手机调成振动或静音状态，以免手机在来电时响个不停。必要时，可暂时将手机关机或者委托他人代为保管，以示对在场交往对象的尊重或对有关活动的重视。

小贴士

切勿在飞机起飞和降落时、在加油站加油时或驾驶车辆时使用手机，以免引发严重事故。

（5）慎用短信。在必要的时候，商务人员可以使用手机短信向交往对象预约重要电话、发送节日祝福或善意的工作提醒，但切忌向交往对象发送低级趣味性或欺骗性短信，更不可利用短信传递商业秘密。

（6）重视私密。相对于固定电话而言，手机更具私密性。因而，商务人员不宜将手机号码随意告知他人、随便打探他人的手机号码或者未经他人同意而将其手机号码转告其他人。

实践训练

接打电话小剧场

任务概述

南京三新胜公司与北京东升原公司签订代理合同后，双方合作非常愉快。近日，双方合作即将到期，但都有继续合作的意向。为此，南京三新胜公司销售部经理杨志浩授权助理与北京东升原公司市场部总监韩云的助理确定双方面谈的时间、地点等事项。

请同学们以小组为单位，分角色扮演三新胜公司和东升原公司的人员，模拟双方助理接打电话的场景。

任务分组

全班学生以8～10人为一组进行分组，各组选出组长并进行任务分工，将小组成员及分工情况填入表5-1。

表 5-1　小组成员及分工情况

班级________　　组号________　　指导教师________

小组成员	姓名	学号	组员职责
组长			
组员			

任务准备

（1）回忆所学知识，掌握电话礼仪的要点及运用。

（2）准备电话机或手机、签字笔、记事本等。

任务实施

以小组为单位开展情景模拟，确定活动开展时间（具体日期、时间段），并将具体实施情况记录在表 5-2 中。

表 5-2　实施情况记录表

时间安排	实施步骤
	1．开展小组讨论，创作情景模拟剧本 （设计人物角色、对话等。） 情景一　经理（或总监）授权 情景二　双方助理互通电话 情景三　双方助理汇报结果

续表

时间安排	实施步骤
	2. 进行个人形象准备
	3. 开展情景模拟，并通过视频记录情景模拟全过程
	4. 回看视频，了解自己在此次情景模拟中有哪些礼仪运用不到位的地方，并记录在下方

评价反馈

各组配合指导教师完成如表 5-3 所示的考核评价表。

表 5-3　考核评价表

项目名称	评价内容	分值	评价分数		
			自评	互评	师评
知识与技能考核 60%	掌握拨打电话的礼仪，在情景模拟中做到拨打时间合适，通话准备充分，通话时间恰当，言谈礼貌	30 分			
	掌握接听电话的礼仪，在情景模拟中能够做到礼貌接听，详细记录通话内容	30 分			
成果考核 20%	剧本情节合理，逻辑清晰，具有可实施性	10 分			
	所拍摄视频清晰、流畅，且完整记录情景模拟过程	10 分			
综合素质考核 20%	积极实施任务	5 分			
	具备良好的团队合作意识，且善于反思与总结	5 分			
	善于理论联系实际，能够将所学知识应用于情景模拟中	10 分			
合计		100 分			
总评	自评（20%）+互评（20%）+师评（60%）=	教师（签名）：			

专题六 举止得体展风范——拜访与接待礼仪

情景案例

一位销售人员的拜访

周祥是一家办公用品公司的销售部经理。他了解到顺新公司最近打算购买一批办公用品，便积极与顺新公司后勤部田经理取得了联系，通过电话向其简要介绍了公司的产品和想要登门拜访的意愿。双方约定于本周三下午三点在顺新公司见面会谈。

由于周祥是第一次去顺新公司，对于路线不是很熟悉，又担心堵车，于是早早就出发了。当他到达顺新公司时，距离约定的时间还有一个小时。周祥没有贸然进去，而是在附近找了一家咖啡厅，又将相关资料浏览了一遍。等到离约定时间还有 15 分钟时，周祥走到顺新公司门口，向前台工作人员说明自己的来意，然后根据指引敲响了后勤部经理办公室的门。

田经理见到周祥，对他的守时、穿着、举止等职业素养暗暗赞叹。之后，双方经过深入了解和细致会谈，当场就达成了合作意向，签订了合同。

思考

上述案例中，周祥拜访成功的因素有哪些？

一、拜访礼仪

拜访是指商务人员以客人的身份有目的地访问或拜见其他单位或个人的一种交往方式。合乎礼仪的拜访有利于商务伙伴关系的建立和发展。因此，商务人员应该学习并掌握一定的礼仪规范，以便能够做好商务拜访工作。

（一）拜访准备

1. 了解拜访对象

在拜访之前，商务人员应当了解一下拜访对象，特别是初次拜访的对象。所需了解的内容主要包括：① 受访单位的基础信息，如单位名称、所属行业、发展规模、业务情况等。② 受访单位的特殊信息，如该单位引以为荣的事件、曾经获得的荣誉、发展业务时的深层次顾虑等。③ 受访者的基本信息和特点，如性别、年龄、性格、兴趣、生日、健康状况、个人嗜好、个人荣誉、家庭状况，以及别人对他的评价等。

只有充分了解了拜访对象的相关信息，才能在正式拜访时准确地找到与对方沟通的突破口，从而促进拜访目的的实现。

2. 事先预约

拜访其他单位或个人应当提前预约，以免自己的拜访扑空（如恰遇对方外出）或扰乱拜访对象的计划。

预约拜访可以通过电话、书信或当面告知的方式进行。预约时，应使用商量的语气，而不能使用命令的语气。约定的时间和地点应以对方的决定为准。

3. 准备材料

为了促进拜访目的的达成，在拜访前，商务人员应根据拜访的目的充分地准备相关材料，如本单位的产品介绍、宣传单、样品、价格表、名片、合同书、发票、小礼品等。

4. 整理仪表

修饰仪容，选择与自己的职业相称的服装，以便向拜访对象展示良好的个人形象和组织形象。

（二）拜访过程

1. 准时赴约

商务人员应根据预约的拜访时间准时赴约，不可过早或过晚，以免打乱受访者的计划。若因特殊情况而不能按时赴约，则一定要尽早通知对方，诚恳地说明原因并表示歉意。

2. 礼貌登门

商务人员到达拜访地点后，若有人迎候，则应向迎候者做简单的自我介绍，请其代为转告或应邀入室。若无人迎候，则应礼貌地敲门或按门铃。敲门时，应用食指间隔有序、力度适中地轻叩三下；按门铃时，让铃响三下即可。敲门或按门铃后，应耐心地等待回应。若无回应，可重复叩门一次或按门铃一次，切忌表现出急躁情绪和行为。

3. 问候致意

进门后，应热情地向受访者问好、与之握手，若是初次见面，还应简单地自我介绍。若受访者的同事或其他客人也在场，则应主动向他们打招呼、问好。

4．应邀入座

问候完毕后，应等待受访者安排座位，再与其一同落座，切忌自行找座、抢先入座或抢坐尊位。

5．举止稳重

入座后，应坐姿端正、自然，不要过于拘谨或过于放松，同时应注意以下事项：

（1）以礼还礼。受访者奉茶时，应起身或欠身，用双手相接并点头致谢，并在饮用后适当称赞，切忌一声不吭。受访者续茶时，应起身站立，用双手端起或扶住茶杯并致谢，切勿不闻不动。受访者送上水果或点心时，应待其他客人或年长者取用后再取，并在品尝之后给予赞赏。

（2）非请勿动。未经允许，不应在受访者的接待室内随意走动、左顾右盼，更不得随意翻动受访者的书籍、报刊或信件等。

6．言谈得体

准备与受访者交谈时，最好关掉手机或将手机调为静音。交谈时，应当开门见山、言辞有礼，并紧贴主题进行，切勿东拉西扯，浪费受访者的时间。当与受访者的意见不一致时，应注意调整谈话技巧，切勿争论。

（三）拜访结束

1．适时告辞

当拜访进行到一定阶段时，就应当择机告辞。一般情况下，当拜访时间持续了近一个小时、受访者有结束会见的表示（如说出“今天我们就谈到这里吧”之类的话）或者受访者有其他客人来访时，就应主动提出告辞。提出告辞的时机最好是在双方的对话告一段落，且没有新的话题之前。

此外，一旦提出告辞，就应利索地辞别，切勿告而不辞。

2．不忘辞谢

辞别时，应主动伸手与受访者握别并道谢（如“多谢您的盛情款待”等）。若受访者起身相送，则应对其说“请留步”或“不必远送”，并适时回头挥手致意。

二、接待礼仪

接待是与拜访相对应的一种商务交往活动。合乎礼仪的接待通常应注意以下几个方面：

（一）接待准备

1. 了解客人信息

为了妥善安排接待工作，应提前了解接待对象的基本情况，主要包括接待对象的个人简况（如姓名、性别、单位、职务、年龄等）、来访人数、抵达时间和地点。必要时，还应了解接待对象的民族、学历、偏好、健康状况、婚姻状况等信息。

2. 制订接待方案

接待方案的内容主要包括以下几个方面：

（1）接待规格。接待规格是指接待工作的具体标准。根据来客人数的多少和主要人员身份的高低来确定接待的方式、档次及预算费用支出。

（2）接待日程。接待日程即接待来宾的具体日期安排。其基本内容应包括迎送、会见、参观、游览、宴请、返程等。在一般情况下，接待日程的具体安排应完整周全，疏密有致。其制订通常由接待方负责，但亦须宾主双方前期有所沟通，并对来宾一方的要求充分予以考虑。

（3）接待人员。接待人员应精选工作负责、相貌端正、善于交际、具有经验且与接待对象相熟者。选定接待人员后，要进行明确的分工，必要时对其集中进行培训。

（4）饮食住宿。安排来宾食宿时，应注意以下几点：一是遵守有关规定，二是尊重来宾习俗，三是尽量满足来宾需求。

（5）交通工具。出于方便来宾的考虑，对其往来、停留期间所使用的交通工具，接待方亦须予以必要的协助。

（6）安保宣传。接待重要来宾时，安全保卫与宣传报道两项工作通常也应列入计划之内。

（二）迎客礼仪

当接待对象（以下统称“客人”）到达之后，作为东道主的商务人员或组织（以下统称“主人”）应当热情迎客，迎客过程中应注意以下几个方面的礼仪规范：

1. 迎候礼仪

若客人就在本地，主人可按时亲自或派人到单位门口、住所门外或楼下迎接。若客人远道而来，主人应提前确认其到达的具体时间，驾车或安排专车前往车站、码头或机场迎接。若与客人素未谋面，则应准备好接站牌，上面写明“热烈欢迎××先生（或女士）”“××公司接待处”等。

见到客人后，主人应主动上前与之握手、做自我介绍，并致以诚挚的问候，如“您好！我是公关部的李萌，代表××公司前来迎接您！”“您好！路上辛苦了！”“欢迎您的到来！”等。若对方有大件行李，则应主动帮其提，但其手提包或其他贴身物品就不用代劳了。对于年纪较大或身体不太好的拜访者，还应上前搀扶，以示关心。

课堂互动

情景：甲男甲女两人在公司门口迎候来宾。

一辆轿车驶到，一位男士下车。甲女上前道：“陈总，您好！”并呈上自己的名片。又道：“陈总，我叫李菲，是正道集团公关部经理，专程前来迎接您。”陈总道谢。

甲男上前：“陈总好！您认识我吧！”陈总点头。甲男又道：“那我是谁？”陈总尴尬不已。

你认为甲男甲女的做法对吗？请与周围的同学进行讨论分析。

2. 乘车礼仪

（1）乘车的座次礼仪。迎接客人的交通工具通常为轿车，其座次礼仪如下：

① 小型轿车的座次礼仪。小型轿车的座次礼仪规范因开车人身份的不同而有所不同。

❖ **专职司机驾驶时的座次礼仪：**专职司机开车迎客时，座次的安排应遵循居中为尊、后座尊于前座、右座尊于左座的原则。通常，前排副驾驶座应安排给主人方的秘书或陪同等随从人员，切勿安排给客人。专职司机开车时，不同座数的小型轿车座次顺序如图 6-1 所示。

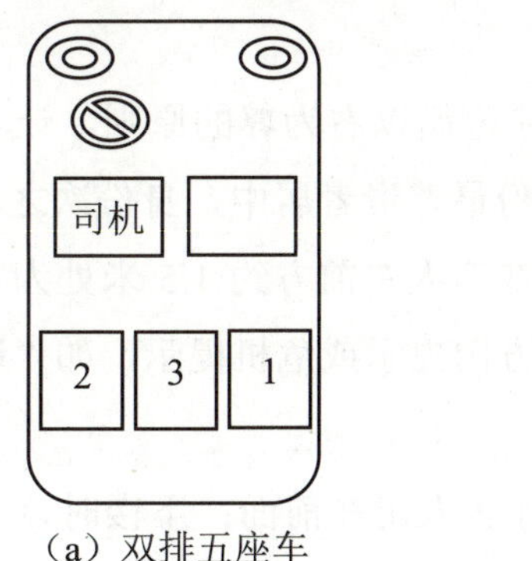

（a）双排五座车

（b）三排七座车

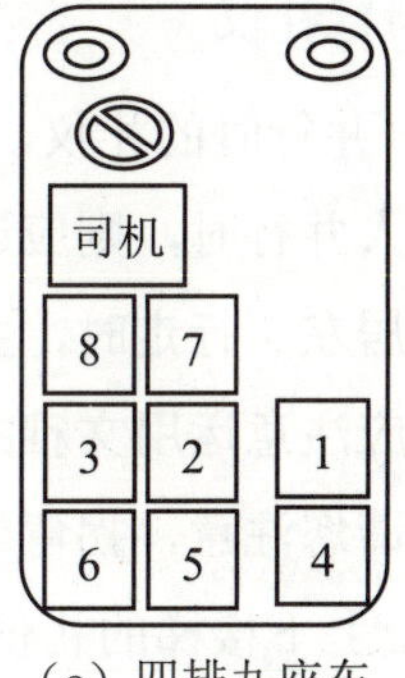

（c）四排九座车

图 6-1　专职司机驾驶时的座次顺序

❖ **主人亲自驾驶时的座次礼仪：**主人亲自开车时，座次的安排应遵循居中为尊、前座尊于后座、右座尊于左座的原则。一般而言，客人方的负责人应主动就座于副驾驶座，以示对主人的尊重。主人开车时，不同座数的小型轿车座次顺序如图 6-2 所示。

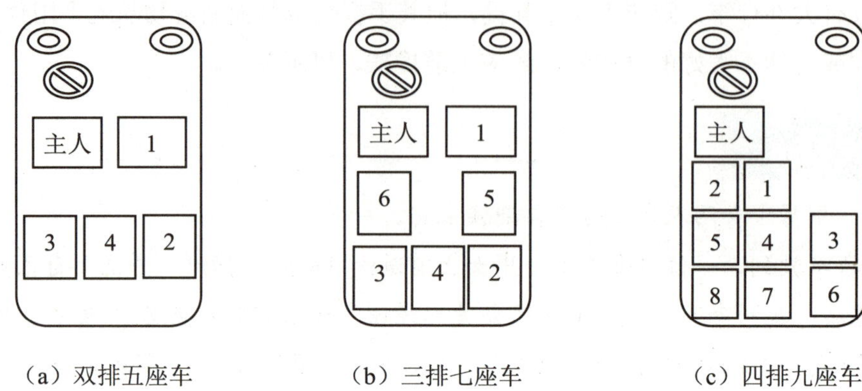

（a）双排五座车　　（b）三排七座车　　（c）四排九座车

图 6-2　主人驾驶时的座次顺序

② 大型轿车的座次礼仪。大型轿车是指具有（除司机座位外）四排及四排以上座位的轿车。乘坐这类轿车时，无论是由专职司机开车还是由主人亲自开车，座次的安排均应遵循前座尊于后座、右座尊于左座的原则，即距离前门越近的座位越尊贵。

（2）上下车的次序礼仪。乘坐双排五座车和三排七座车上下车时，主人应先下车、后上车，并恭请客人先上车、后下车，主动为客人打开车门、护住车门上沿；乘坐三排九座车和大型轿车上下车时，通常应由距离车门较远者先上车、后下车，距离车门较近者后上车、先下车。

（3）乘车的举止礼仪。乘车时，主客双方均应坐姿端正、举止文雅、动静适宜，切勿抽烟、乱扔垃圾、脱鞋脱袜、蹬踩座位或将手、脚伸出窗外。

3．引导礼仪

（1）并行时的礼仪。主人和客人两人并行时，应遵循以右为尊的原则，让客人走在右侧；三人并行时，则应遵循居中为尊的原则，让身份最尊贵者居中，身份次之者居右，再次之者居左。行走时，主人应配合客人的步伐，走在客人左前方约 1.5 米处为其引路。引路时，应注意运用文雅的手势，并用语言为客人做方向提示或危机提示，如“请您这边走”或“请您注意，拐弯处有个斜坡”等。

（2）上下楼梯的礼仪。主人引导客人上楼时应让客人走在前面；下楼时，应让客人走在后面。行走时，应注意保护客人的安全。

（3）乘坐电梯的礼仪。进入有人管理的电梯时，主人应主动后进后出，如图 6-3 所示；进入无人管理的电梯时，主人应当先进后出，以便为客人控制电梯，如图 6-4 所示。

（4）出入房门的礼仪。引领客人进入室内时，主人应主动为其开门或关门，并做到

“门朝内开己先入，门朝外开客先入”。客人进门时，主人应扣住门板并做一个“请”的姿势，待客人进入室内后，再轻轻关上门，如图 6-5 所示。

图 6-3　后进后出　　图 6-4　先进后出　　图 6-5　出入房间礼仪

（三）待客礼仪

客人进入室内后，主人应为其妥善存放外套、帽子或随身携带的物品，然后引领客人入座，并为其奉茶。

1. 座次礼仪

主人在安排待客座次时，应将客人安排在尊位上。尊位的确定方法通常包括以下几种：

（1）面门为尊。主人与客人相对而坐，且其中一方的座位面向正门时，则面对正门的座位为尊位，此座应礼让给客人，如图 6-6 所示。

（2）居中为尊。当客方人数较少而主方人数较多时，则可以面门的中间为尊位，两侧或四周为卑位，呈现“众星捧月”的格局，如图 6-7 所示。

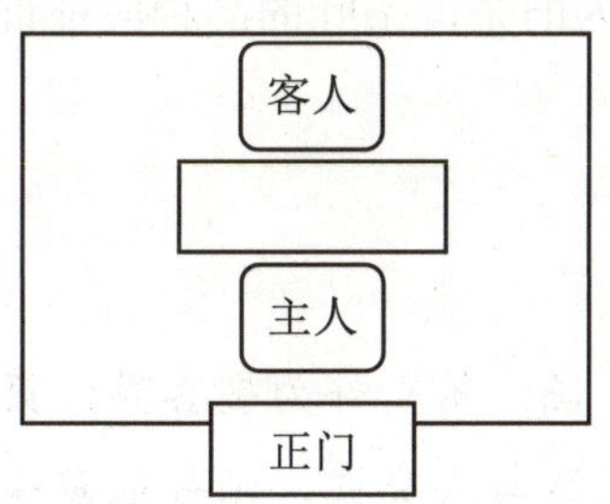

图 6-6　面门为尊的座次安排

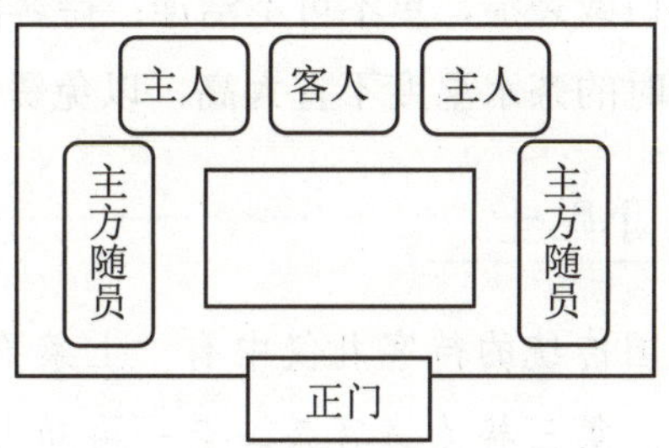

图 6-7　居中为尊的座次安排

（3）以右为尊。主人与客人面向正门并列而坐时，以面对正门方向的视角为准，右位尊、左位卑，如图 6-8（a）所示；主人与客人侧对正门相对而坐时，以进门方向的视角为准，右位尊、左位卑，如图 6-8（b）所示。

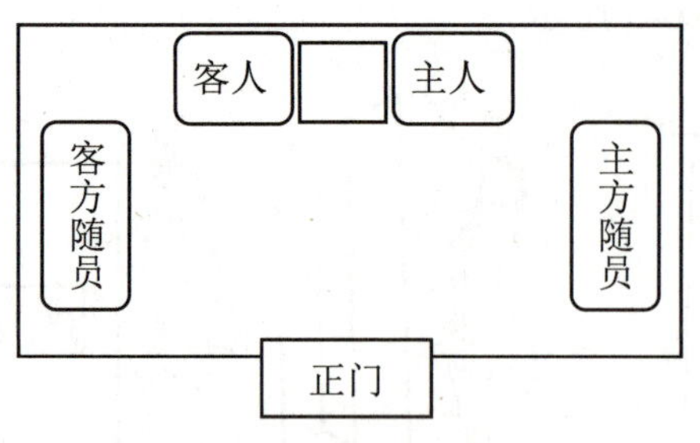

（a）双方并列而坐的座次安排

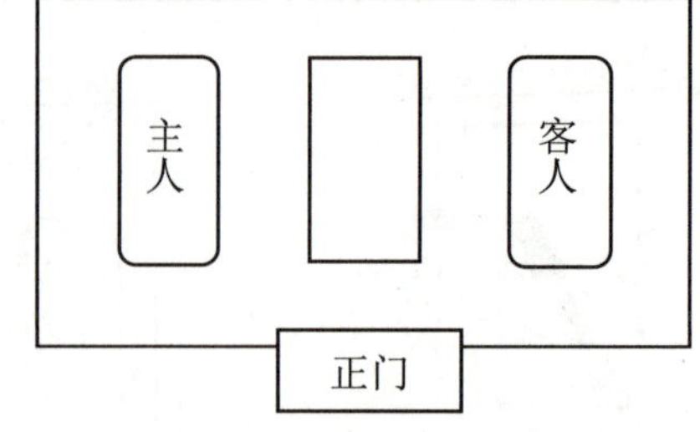

（b）双方相对而坐的座次安排

图 6-8　以右为尊的座次安排

2. 奉茶礼仪

在客人入座后、开始交谈前，主人应为客人奉茶。奉茶时应注意以下礼仪规范：

（1）奉茶人员。奉茶人员的身份高低体现着主人对客人的重视程度。在商务场合，一般应由秘书、接待人员或专职人员奉茶；接待重要客人时，则应由在场的职位最高者亲自奉茶。

（2）奉茶次序。当客人较多时，奉茶应按照以下顺序进行：① 先客人，后主人；② 先主宾，后次宾；③ 先长辈，后晚辈；④ 先女士，后男士；⑤ 先职位高者，后职位低者。

（3）奉茶原则。① 茶勿斟满，即茶不可斟得太满，一般以七分满或八分满为宜，否则会有厌客或逐客之嫌。② 左下右上，即奉茶时应以左手托住茶盘、右手扶住茶杯，恭敬地递给客人。③ 右侧递上，即奉茶时应从客人的右侧奉上，并放在客人的右前方，同时轻声告知客人“这是您的茶，请慢用”等。

此外，还需注意的是，当客人杯中的茶水有所减少时，应及时为其续茶；待客的茶具不可有缺口或裂痕，更不可不洁净；待客的茶叶不可为旧茶，茶叶的品种应征询客人的意见；奉茶时的茶水温度不宜太高，以免烫伤客人。

小贴士

我国传统的待客礼仪中有“上茶不过三杯”一说：第一杯为敬客茶；第二杯为续水茶；第三杯为送客茶。若一再劝人用茶，却无话与人交谈，则往往意味着提醒来宾“应该打道回府了”。

（四）送客礼仪

1. 热情挽留

当客人提出告辞时，主人一定要热情挽留。在热情挽留之后，若客人执意要走，则应等客人起身后，再起身相送。切忌在客人刚提出告辞时就积极地起身送客，或者以某种动作、表情暗示送客之意。

2. 礼貌相送

客人辞行时，主人应与之握别，对其来访表示感谢，请其多多包涵接待的不妥之处，道惜别之语（如“慢走”“常联系”“欢迎再来”等）并礼貌相送。对于本地的客人，一般应将其送到门口、电梯口、楼下或其乘坐车辆的驶离之处，目送客人离去。对于远道而来的客人，则应将其送至车站、码头或机场等处，待对方离开后，才能返回。

实践训练

商务接待小剧场

任务概述

继续以南京三新胜公司与北京东升原公司商谈代理业务为实训背景，双方公司人员在机场见面后，乘车回东升原公司。东升原公司市场部总监韩云带领三新胜公司代表团队参观公司后，在会客室与其就代理业务商谈事宜进行了简单交流，然后安排其到酒店休息。

请同学们以小组为单位，分角色扮演三新胜公司和东升原公司的人员，模拟接待场景。

任务分组

全班学生以8～10人为一组进行分组，各组选出组长并进行任务分工，将小组成员及分工情况填入表6-1。

表6-1　小组成员及分工情况

班级________　　组号________　　指导教师________

小组成员	姓名	学号	组员职责
组长			
组员			

续表

小组成员	姓名	学号	组员职责
组员			

任务准备

（1）回忆所学知识，掌握拜访礼仪和接待礼仪的要点及运用。

（2）准备茶具。

任务实施

以小组为单位开展情景模拟，确定活动开展时间（具体日期、时间段），并将具体实施情况记录在表 6-2 中。

表 6-2　实施情况记录表

时间安排	实施步骤
	1. 开展小组讨论，创作情景模拟剧本 （设计人物角色、对话等。） 情景一　机场迎接，乘车到东升原公司 情景二　陪乘电梯，参观公司 情景三　会客室交谈 情景四　送至宾馆

续表

时间安排	实施步骤
	2．布置会客室
	3．进行个人形象准备
	4．开展情景模拟，并通过视频记录情景模拟全过程
	5．回看视频，了解自己在此次情景模拟中有哪些礼仪运用不到位的地方，并记录在下方

评价反馈

各组配合指导教师完成如表 6-3 所示的考核评价表。

表 6-3　考核评价表

项目名称	评价内容	分值	评价分数		
			自评	互评	师评
知识与技能考核 60%	掌握拜访礼仪的要点及运用，在情景模拟中举止稳重，言谈得体	20 分			
	掌握迎客礼仪的要点及运用，在情景模拟中能够做到准时迎候，乘车座次安排合理，引导手势运用正确	20 分			
	掌握待客礼仪的要点及运用，在情景模拟中能够正确安排座位并落座，奉茶时仪态端正、动作正确	20 分			
成果考核 20%	剧本情节合理，逻辑清晰，具有可实施性	10 分			
	所拍摄视频清晰、流畅，且完整记录情景模拟过程	10 分			
综合素质考核 20%	积极实施任务	5 分			
	具备良好的团队合作意识，且善于反思与总结	5 分			
	善于理论联系实际，能够将所学知识应用于情景模拟中	10 分			
合计		100 分			
总评	自评（20%）+互评（20%）+师评（60%）=	教师（签名）：			

专题七　以诚动人显心意——馈赠与受赠礼仪

情景案例

适时赠礼为合作锦上添花

张莉毕业后应聘到一家公司做总经理助理。工作两年来，凭着扎实的专业知识和勤奋好学、爱岗敬业的优秀品质，她的工作开展得非常顺利，张莉也得到了总经理和同事们的认可。

近日，一家知名企业要来公司访问并就合作事宜进行洽谈，公司安排张莉负责接待。对方公司代表团如期来访，双方进行了多次会谈，合作推进十分顺利。当洽谈接近尾声时，总经理让张莉为客户准备礼物，以在客户离开时赠送。在了解了客户的基本资料后，张莉决定购买具有当地特色的西湖龙井，作为礼物送给客户。在践行晚宴上，总经理拿出礼物送给客户，并说："这是我们当地的特产，希望你们能够喜欢。"客户接到礼物后非常高兴，连连道谢。

思考

礼物在商务交往中起着什么作用？在赠送礼物时，需注意哪些事项？

礼品馈赠是商务活动中的"润滑剂"，可以用来表达对他人的尊重、敬意、祝贺、感谢、慰问等情感，能起到联络感情和促进交际的作用。

一、馈赠礼仪

（一）礼品的选择

1. 价值适宜

一般而言，所选礼品的物质价值不可过低，也不可过高。若过低，则无法较好地表现情谊或发挥馈赠的作用；若过高，则会使受赠者有受贿之感。

礼仪故事

唐朝时，地方官吏经常要向皇帝进贡礼品。云南地方上有个行政长官要送件礼品给皇帝，他心想：皇帝不缺金银珠宝，要送也得送个稀罕的。最后，他决定进贡一只天鹅。

他派一个名叫缅伯高的人，用竹篓背上一只天鹅，前往京城长安。缅伯高跋山涉水，日夜兼程，走了好多天，来到了沔阳湖（在今湖北省境内）边。在这许多天里，天鹅没下过水，浑身都脏兮兮的。缅伯高放下竹篓，抱出天鹅要给它洗洗澡。不料，天鹅一纵，挣脱了他的怀抱，扑棱一声，振翅要飞。缅伯高下意识地伸出手去抓了一把，只抓下了一根羽毛，眼睁睁地看着天鹅飞走了。缅伯高又着急又害怕，伤心地大哭了一场。后来，他急中生智，怀揣着那根羽毛，赶往都城长安。

多日后，缅伯高终于来到了长安，随着各地前来进贡的使臣去见皇帝。轮到缅伯高时，他手捧羽毛走上前去，为皇帝唱了一首歌："天鹅贡唐朝，山高路途遥。沔阳湖失去，倒地哭号啕。上复圣天子，可饶缅伯高。礼轻情意重，千里送鹅毛。"皇帝莫名其妙，缅伯高随即讲出事情原委。听到这里，皇帝连声说："缅伯高千里送鹅毛，难能可贵！难能可贵！"缅伯高的才华和机智博得了皇帝的欢心，皇帝不但没有处罚他，反而奖赏给他很多东西。

后来，人们就用"千里送鹅毛"这个成语，比喻礼品虽然很小，但是情意却很深重。

2. 注重效用

礼品本身具有实用价值，经济状况或文化程度不同的人，对于礼品实用性的偏好有所不同。因而，商务人员应根据受赠者的实际情况选择不同效用的礼品。

小贴士

结婚礼品：可选择床上用品、餐饮用具或字画等工艺品，也可用礼金代替礼品。

生子礼品：可选择婴儿用品（如衣服、鞋帽、玩具、生肖纪念等），也可选择产妇滋补营养品。

节日礼品：端午节可送粽子；中秋节可送月饼；情人节可送玫瑰花；等等。

远行礼品：可选择书籍、衣物、生活用品等。

迁居礼品：可选择对联、字画、工艺品、家居装饰品等。

病丧礼品：探病可选择适宜病人食用的食品（如滋补品、水果等）和鲜花（应根据病情选购）；吊丧可选择花圈、挽联、帛金（即金钱）、香烛纸钱、白色或黄色的鲜花等。

3. 送礼避讳

由于生活经历、生活习惯、性格及爱好等的不同，不同的人对同一礼品可能表现出不同的态度。因而，商务人员选择礼品时一定要投其所好、避其禁忌，以免引起受赠者的不快或误解。

（二）礼品的馈赠

1. 选择时机

赠送礼品应选择合适的时机。一般来说，可以选择欢庆节日（如春节、中秋节等）、酬谢他人、到他人家中做客、探望病人，以及对方乔迁新居、过生日、远行等时机。

2. 注意方式

赠送礼品最好当着受赠者的面进行，以便向其传达自己选择礼品时独具匠心的考虑，并观察受赠者对礼品的感受或态度。

若由于某些原因而不能亲自送上礼品，则可以邮寄赠送或托人赠送。邮寄赠送时，一般应附上一份礼笺，在礼笺上说明赠送礼品的理由并署名；托人赠送时，可随礼物送去信函或名片，并向受赠者解释不能当面赠送的理由，请其谅解。

3. 精心包装

赠礼时，应选择合适的包装对礼品略加修饰，使礼品在外观上显得更加精致、高雅，令人赏心悦目。

包装礼品时应当注意以下几点：① 包装前，应先去掉礼品上的价格标签；② 包装材料的颜色、图案等要考虑受赠者的喜好与禁忌。

二、受赠礼仪

（一）接受礼品

受赠者在接受他人的礼品时，应面带微笑，大方地伸出双手接过礼品，并说些客气或感谢的话，如“您太客气了”“让您破费了”“谢谢您”等。

小贴士

接受他人礼品后，是否当场拆封应当视具体情况而定。按中国习俗，一般不当面拆封，如果对方请你拆开，则可以拆开并表示赞美。如果是外国人赠送的礼品，则一般要当面拆开，并赞美一番。

（二）拒收礼品

一般情况下，不应拒收他人的礼品。但是，当他人赠送的礼品超过了公司规定的限度，或者自认为他人的礼品欠妥时，受赠的人应礼貌地拒绝。

（1）婉言相告，即用委婉的语言拒绝。例如，拒绝他人赠送的昂贵手机时，可以对他说“谢谢你的好意，但我不习惯用这个品牌”等。

（2）直言缘由，即直截了当地向赠礼者说明拒收礼品的理由。例如，拒绝他人赠送的大额现金或贵重礼品时，可以说“我们有规定，接受现金就是受贿”或者“按照规定，我不能接受您送的这件礼品”等。

（3）事后退还。若在事后拆封时才发现礼品过于贵重，则可以尽快（一般在 24 小时内）将礼品退还给赠礼者。退还时，应向其说明退回礼品的理由，并表示感谢。

（三）回赠礼品

在接受了他人的礼品后，一般应准备礼品回赠。回赠礼品时应当注意以下事项：

（1）选择合适的礼品。回赠的礼品应当避免与对方所送的礼品相同，并尽量选择价值与对方礼品相当的物品。回赠的礼品的价值不可明显超过对方礼品的价值，以免给人一种攀比之感。

（2）选择合适的时机。回赠礼品应当寻找一个合适的时机进行。例如，在节日庆典上受赠礼品时，可以在赠礼者离别时立即回赠；在生日婚庆或晋级升迁时受赠礼品，一般应在对方有类似情形的时候再回赠。对于以酬谢为目的的馈赠，受赠者可不回赠。

源远流长

国礼中的文明交流互鉴

文明因交流而多彩，文明因互鉴而丰富。300 多年前，一位名叫弗朗索瓦·贝尼耶的法国人大概不会想到，自己着手翻译的法文版《论语导读》，会穿越如此漫长的时光，在 2019 年被交付到中国最高领导人的手上。

在外交场合，互赠国礼是一种重要的礼仪。习近平主席送出或收到的许多国礼，都像这本《论语导读》法文版原著一样，有着丰富的文化内涵，体现了中国与世界的文明交流互鉴。

2014年11月，亚洲太平洋经济合作组织（APEC）领导人非正式会议在北京举行。为了让各国来宾更好地感受中国文化，习近平主席亲自选定了送给各经济体领导人的国礼——一套“四海升平”景泰蓝赏瓶。

该赏瓶高38厘米，恰好是天坛祈年殿38米的等比例缩小；其最大直径21厘米，代表APEC的21个经济体。赏瓶细长的瓶颈典雅优美，碧蓝的瓶身上浮雕着吉祥水纹，象征“四海”，也寓意着环太平洋；而“瓶”也是“平”的谐音，连起来就是“四海升平”之意。赏瓶瓶身绘有APEC会标、北京雁栖湖APEC会场，以及北京的标志性建筑天坛和怀柔慕田峪长城。赏瓶采用景泰蓝工艺制作而成，以藏于北京故宫博物院的霁红釉玉壶春瓶为原型，创新性地把画珐琅、錾胎珐琅、掐丝珐琅三种传统珐琅工艺结合在一起。

被纳入中国第一批国家级非遗名录的景泰蓝制作技艺，其发展过程本身就体现着自古以来中国与世界之间的文明交流互鉴。

景泰蓝，又名“铜胎掐丝珐琅”。有研究者认为，这一技艺源于波斯，在元明时期从中东沿古丝绸之路传入中国，后才诞生了新的本土技艺，并在明景泰年间达到顶峰。

2016年9月召开的G20杭州峰会，与会各国领导人和嘉宾收到的国礼则是苏州丝绸艺术品“合礼”。“合礼”中包含丝巾、福袋、手包等作品。其中的丝巾汇集了“绫、罗、绸、缎”四种传统丝织工艺，绣工复杂精美。丝巾长169厘米，宽55厘米，在轻柔的真丝缎面上，用苏绣表现了牡丹花和桂花，寓意国家繁荣昌盛、繁花似锦。苏绣的“平绣、乱针绣、打籽绣、盘金绣”4种针法，则运用在花朵、叶片、花蕊、叶脉等不同细节处，仅一个叶片就用了十多种颜色的丝线。丝巾四周装饰的斜砖纹和海浪纹运用了绫的织造工艺，象征着陆上与海上两条丝绸之路。G20各成员国的国花也被融入设计当中，体现了各国之间的合作共赢。

这一方丝巾的诞生同样体现了东西方文化的交融。南京云锦非遗传承人王继胜曾在采访中介绍称，这种运用绫罗绸缎工艺的丝织物叫“泰西提花绸”。早在19世纪，中国丝织界引进西方织机，发明了泰西提花绸。

……

无论过去、现在还是将来，国礼不仅仅可以传递国与国之间的情谊，更是一张张国家文化的品牌，为文明交流互鉴增添着新的色彩。

实践训练

商务赠礼小剧场

任务概述

继续以南京三新胜公司与北京东升原公司商谈代理业务为实训背景。双方洽谈非常顺利，临近本次合作洽谈尾声，东升原公司市场部总监韩云特地为远道而来的三新胜公司代表团的每个人都准备了一份礼物，赠送给对方。

请同学们以小组为单位，分角色扮演三新胜公司和东升原公司的人员，模拟赠送礼物时的场景。

任务分组

全班学生以8～10人为一组进行分组，各组选出组长并进行任务分工，将小组成员及分工情况填入表 7-1。

表 7-1　小组成员及分工情况

班级________________　　组号________________　　指导教师________________

小组成员	姓名	学号	组员职责
组长			
组员			

任务准备

（1）回忆所学知识，掌握馈赠与受赠礼仪的要点及运用。

（2）准备礼物道具。

任务实施

以小组为单位开展情景模拟，确定活动开展时间（具体日期、时间段），并将具体实施情况记录在表 7-2 中。

表 7-2　实施情况记录表

时间安排	实施步骤
	1．开展小组讨论，创作情景模拟剧本 （设计人物角色、对话等。） 情景一　挑选礼物 情景二　赠送礼物
	2．布置会客室
	3．进行个人形象准备
	4．开展情景模拟，并通过视频记录情景模拟全过程
	5．回看视频，了解自己在此次情景模拟中有哪些礼仪运用不到位的地方，并记录在下方

评价反馈

各组配合指导教师完成如表 7-3 所示的考核评价表。

表 7-3　考核评价表

项目名称	评价内容	分值	评价分数		
			自评	互评	师评
知识与技能考核 60%	掌握馈赠礼仪的要点及运用，在情景模拟中所选礼物合适，赠送时机和方式恰当	30 分			
	掌握受赠礼仪的要点及运用，在情景模拟中能够大方得体地接受礼物，并礼貌道谢	30 分			
成果考核 20%	剧本情节合理，逻辑清晰，具有可实施性	10 分			
	所拍摄视频清晰、流畅，且完整记录情景模拟过程	10 分			
综合素质考核 20%	积极实施任务	5 分			
	具备良好的团队合作意识，且善于反思与总结	5 分			
	善于理论联系实际，能够将所学知识应用于情景模拟中	10 分			
合计		100 分			
总评	自评（20%）+互评（20%）+师评（60%）=	教师（签名）：			

有礼有距
——商务会议与仪式礼仪篇

引言

在商务活动中，商务人员时常需要组织或参与各种会议、出席各类仪式活动。而不同的会议或仪式活动对商务人员的言行举止有着不同的要求。商务人员只有掌握会议及仪式活动的礼仪，注意会议及仪式活动中的惯例和细节问题，才能够给交往对象留下良好印象，为企业树立良好的组织形象。

那么，商务人员在组织或参与会议时分别应遵守哪些礼仪规范，在组织或出席各类不同的仪式活动时又该遵守哪些礼仪规范呢？基于以上问题，本项目详细介绍了会议的组织礼仪和与会者礼仪，以及签字仪式、开业仪式、剪彩仪式等仪式活动的礼仪。

学习目标

知识目标
ZHISHI MUBIAO

- 熟悉会议的准备与组织工作，掌握不同类型会议的座次礼仪及参加会议时应遵守的礼仪规范
- 熟悉签字仪式、开业仪式及剪彩仪式的筹备工作和基本程序
- 掌握签字仪式、开业仪式及剪彩仪式的礼仪规范

技能目标
JINENG MUBIAO

- 能够按照相关礼仪规范参加、策划、组织各种商务会议
- 能够按照相关礼仪规范参加、策划、组织签字仪式、开业仪式及剪彩仪式等活动

素质目标
SUZHI MUBIAO

- 树立职业意识，培养爱岗敬业、吃苦耐劳的品质
- 树立团结协作的工作作风，培养灵活应变的能力

专题八　井然有序重规范——会议礼仪

情景案例

研讨会上的“明星”

昌荣公司被邀请参加一个研讨会，这次研讨会将有很多商界知名人士及新闻界人士参加。昌荣公司的总经理特意安排他很器重的助理小杨作为公司代表前去参加。

会议当天，小杨睡过了头，等他赶到现场时，会议已经进行了 20 分钟。他急急忙忙地推开会议室大门，不小心碰倒了会议室门口的花盆，花盆倒地发出一声脆响，这让他一下子成了会场上的焦点。刚坐下不久，小杨的手机铃声响起，肃静的会场上播放起了摇篮曲。这次，小杨简直成了研讨会上的“明星”。研讨会结束后，昌荣公司总经理就让小杨另谋高就了。

思考

昌荣公司总经理为什么让助理小杨另谋高就了？参加会议时，我们应遵守哪些礼仪规范？

会议是指人们为了解决某个共同的问题或出于某种目的聚集在一起进行讨论、交流的活动。在商务活动中，商务人员难免需要组织或出席各种会议，因此需要掌握一定的会议礼仪。

一、会议组织礼仪

会议的组织工作是非常复杂的，在会前准备、会场布置、会中组织和会后收尾阶段都有不同的要求。要想使会议圆满成功，就必须确保上述每个环节都万无一失。

（一）会前准备

1．确定会议主题

会议主题是会议的指导思想，它是拟定会议的内容、任务、形式、议程、期限、出席人员等的前提。在通常情况下，会议的主题可以直接通过会议名称体现。例如，某公司以新产品、新技术的出现为主题，准备召开新闻发布会，并确定会议的名称为“××公司新产品信息发布会”。

2. 确定与会人员名单

根据会议的内容、性质和任务，科学地确定出与会人员名单。确定名单时，应当剔除一切与会议无关的人员。这样做的目的在于保证整个会议气氛不被搅乱，以便取得理想的会议效果。

3. 下发会议通知

会议组织者应提前向与会者下发会议通知。会议通知可以采取书面、口头、电话、邮件等方式。会议通知应包括以下内容：① 会议名称；② 会议主题和内容；③ 会期（会议起止时间）及报到时间；④ 会议地点；⑤ 与会要求，即与会者应携带的材料、应支付的费用、应准备的生活用品等。

会议礼仪

（二）会场布置

1. 进行座次安排

会议的座次安排要根据会议规模来设置，讲究礼宾次序。

小贴士

根据规模大小或出席人数的多少，会议一般可分为小型会议、中型会议和大型会议。小型会议的出席人数少则几人，多则几十人，一般不超过100人；中型会议的出席人数一般为100～1 000人；大型会议的出席人数一般在1 000人以上。

（1）大型会议的与会人数众多，所以会场上通常应分设主席台和群众席。

① 主席台的座次。按照国际惯例，主席台的座次排列应符合以下规则：面向群众，前排尊于后排，中间尊于两侧，右侧尊于左侧，如图 8-1 所示。安排好主席台座次后，应按照座次顺序在就座者身前的桌上摆好写有入座者姓名的桌签，以便主席团成员按序入座。

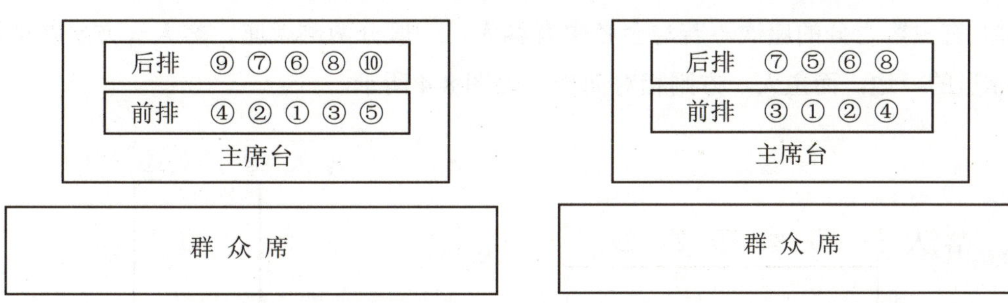

（a）每排人数为单数时的座次排列　（b）每排人数为双数时的座次排列

图 8-1　主席台的座次排列

② 群众席的座次。群众席可以根据需要自由择座，也可以按照会议主办方指定区域统一就座。常见的群众席的座次安排如图 8-2 所示。

通常，面向主席台，横向排列座次时，前排座位尊于后排，如图 8-2（a）所示；纵向排列座次时，中列的座位尊于两侧，右侧尊于左侧，如图 8-2（b）所示。

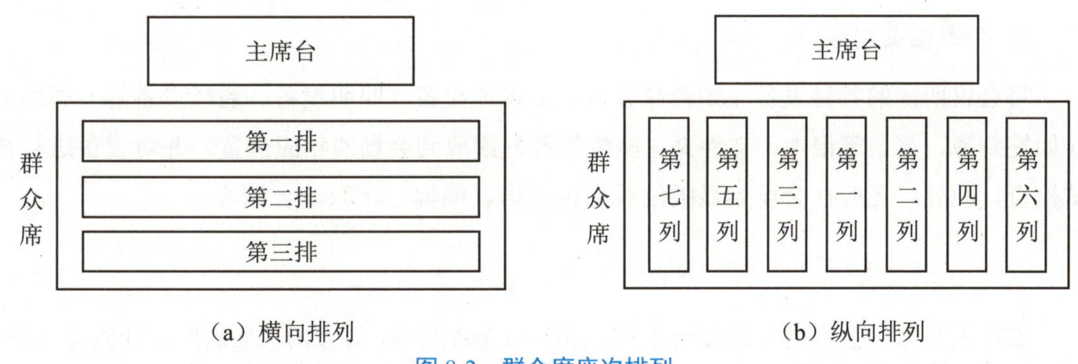

（a）横向排列　（b）纵向排列

图 8-2　群众席座次排列

（2）小型会议的座次礼仪。小型会议的与会人数较少，全体与会者通常同桌而坐。因此，会议组织者可采用以下两种方式安排会议的尊卑座次：

① 无主客之分的座次排列。若与会者中没有客人，则直接在面对会议室正门的位置上，按照中间为尊、右座尊于左座的原则安排座次，如图 8-3（a）所示。若会议桌斜对着会议室正门，则可以在远离会议室正门的一侧依次设座，如图 8-3（b）所示。

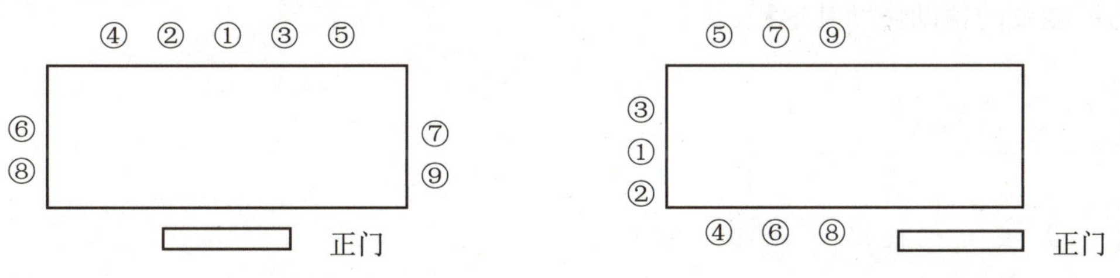

（a）会议桌正对正门时的座次排列　（b）会议桌斜对正门时的座次排列

图 8-3　无主客之分的会议座次排列

② 有主客之分的座次。若与会者中有客人，一般分两侧就座，客人一方坐在会议桌比较靠里的一边，而主人一方则相对而坐，如图 8-4 所示。

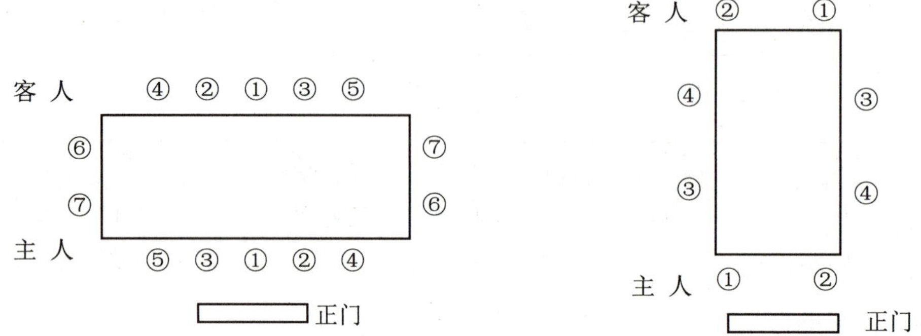

（a）会议桌横着摆放时的座次排列　　（b）会议桌竖着摆放时的座次排列

图 8-4　有主客之分的会议座次排列

2. 布置相关物品

将会议所需的各种设备（如音像设备、多媒体设备、照明设备、通风设备等）和用品（如签到簿、笔、笔记本、文件夹、座位签等）摆放到会场的相应位置，并对设备进行调试检查。此外，还应在会场的显眼位置悬挂标语、横幅、旗帜或会标等。

（三）会中组织

安排人员做好会场内外的接待工作，组织与会者签到，并及时、准确地统计到会人数。同时，安排人员做好会议记录及奉茶工作。

（四）会后收尾

会议结束后，应对与会议相关的一切图文、声像材料进行收集、整理、汇总、归档。对于公司内部会议以外的会议，会议组织者可向与会者赠送具有会议主办方特色的礼品，并可组织与会者摄影留念，以加强业务联系、促进商务往来。同时，为外来的与会者提供一切力所能及的帮助协助其返程。

二、与会者礼仪

（一）主持人礼仪

会议的主持人一般由具有一定职位的人来担任，其表现对会议能否取得圆满成功有着重要影响。因此，主持人要特别注意以下事项：

1. 熟悉议程

主持人在接到主持任务后，要认真研究所主持的会议，弄清会议的目的、主题、会议的发言者及发言题目、用时等相关情况，从而熟悉会议议程，把握会议走向，预测会议效果，并据此设计出主持人的串联词，为主持工作做充分的准备。

2. 仪态端正

主持人应衣着整洁、大方庄重，走上主席台时应步态稳健有力、精神饱满。如果站立主持，应双腿并拢、腰背挺直。持稿时，右手持稿子的底中下部，左手五指并拢自然下垂；双手持稿时，应与胸齐高。坐着主持时，应坐正挺直，双臂前伸，双手轻按于桌沿。在主持会议的过程中，切忌出现搔头、揉眼、抖腿等不雅动作。

3. 言谈得体

主持会议时，应当口齿清楚、发音准确，并简明扼要地表述会议事项。在会议进行过程中，不可与会场上的人员寒暄、闲谈。

4. 控制会场

（1）主持人应按既定的顺序推动会议活动的进展，不得随意变动议程顺序，同时，严格把握会议的起止时间，不随意拖延或提前。

（2）引导与会者积极讨论或发言，当讨论、发言的内容偏离会议主题，或者讨论、发言的时间超出限定范围时，应当礼貌地提醒。

（3）就发言内容进行提问并做恰如其分的评价，同时对发言人表示礼节性的肯定或感谢。

（4）根据会议性质适当地调节会议气氛（或庄重、或热烈等），以实现会议的预期效果。

（5）安排会间休息时间，并明确休息时间的具体长度。

（6）在会议结束前，对会议情况做简单的总结，并宣读会议达成的决议。

（7）会议结束时，对为会议提供了帮助的人和协助组织会议的工作人员表示感谢。

（二）发言者礼仪

1. 发言准备

发言者在发言之前，要做好以下两项准备工作：一是准备发言稿。在准备发言稿时，要了解会议的主题、与会者情况等。发言稿要观点明确、中心突出，主张合理、层次清楚，逻辑缜密、以理服人。二是修饰仪表。在发言之前，发言人一定要抽出时间，对个人仪表进行修饰，如头发要梳理整齐，着装要干净、整洁大方。

2. 发言礼仪

发言者分为正式发言人和自由发言人两种。前者一般是领导报告，后者一般是讨论发言。正式发言人和自由发言人应分别遵守以下礼仪规范：

（1）正式发言人的礼仪规范：

- 走上主席台时，应步态自然，并体现出自信的风度。
- 走上主席台后，首先应面向群众席，扫视全场，与在座的听众进行目光交流，然后诚恳、恭敬地向听众鞠躬或点头致意，稍后便可开始发言。
- 发言时，应口齿清晰、发音准确，简明扼要地表述发言内容，若是书面发言，则应时而抬头扫视会场，切勿旁若无人地低头念稿。
- 发言完毕，应向听众表示谢意，然后退下主席台回到原座位。

（2）自由发言人的礼仪规范：

- 注意发言顺序，遵守发言秩序，不可争抢发言。
- 发言时，应口齿清晰、观点鲜明、内容简短。
- 与他人有分歧时，应态度平和，以理服人。

无论是正式发言人还是自由发言人，对于主持人或其他与会者就发言内容所进行的提问都应礼貌作答，对于不能回答的问题应礼貌地说明理由；对于提问人的批评或建议，应当认真听取，即便批评或建议是不恰当的，也不应失态。

（三）会议参加者礼仪

参加会议是一件严肃的事情。参加会议的人员无论是以单位还是个人的名义出席，都要注意自己的言行举止，做到稳重端庄，遵时守纪，合乎礼仪规范。

- 衣着整洁、仪表大方、按时到会，并按会议主办方安排的座次入座。
- 保持会场安静，做到关闭手机或将手机调为静音，不拨打或接听手机，不大声喧哗，不交头接耳，等等。
- 保持得体的仪态，切勿做出不雅行为，如打哈欠、伸懒腰、打瞌睡、掏耳挖鼻、挠头打嗝等。
- 会议进行时，不要随意走动或出入。若确实需要暂离座位，则应轻手轻脚地进行，尽量减少对发言者和其他与会者的影响；若需要长时间离席或提前退场，则应向会议主办方说明理由并表示歉意，在征得同意后方可离开。
- 他人发言时，应认真倾听，并记下与自己工作相关的内容。
- 当他人发言结束时，应向发言者致以热烈的掌声，以表示赞赏和感谢。

实践训练

商务洽谈小剧场

任务概述

以南京三新胜公司与北京东升原公司合作到期之际再次就代理业务进行商谈为实训背景，双方于约定的时间、地点进行谈判。

请同学们以小组为单位，分角色扮演三新胜公司和东升原公司的人员，模拟双方进行代理业务谈判的场景。

任务分组

全班学生以8～10人为一组进行分组，各组选出组长并进行任务分工，将小组成员及分工情况填入表8-1。

表8-1 小组成员及分工情况

班级_______________ 组号_______________ 指导教师_______________

小组成员	姓名	学号	组员职责
组长			
组员			

任务准备

（1）回忆所学知识，掌握会议组织礼仪及与会者礼仪。

（2）准备会议相关用品。

任务实施

以小组为单位开展情景模拟，确定活动开展时间（具体日期、时间段）并将具体实施情况记录在表 8-2 中。

表 8-2　实施情况记录表

时间安排	实施步骤
	1．开展小组讨论，创作情景模拟剧本 （设计人物角色、对话等。）
	2．布置会议现场
	3．进行个人形象准备
	4．开展情景模拟，并通过视频记录情景模拟全过程
	5．回看视频，了解自己在此次情景模拟中有哪些礼仪运用不到位的地方，并记录在下方

评价反馈

各组配合指导教师完成如表 8-3 所示的考核评价表。

表 8-3　考核评价表

项目名称	评价内容	分值	评价分数		
			自评	互评	师评
知识与技能考核 60%	掌握会议组织礼仪的要点及运用，在情景模拟中能够正确布置会场，进行座次安排	30 分			
	掌握与会者礼仪，在情景模拟中能够做到准时参会，举止得体，言谈礼貌	30 分			
成果考核 20%	剧本情节合理，逻辑清晰，具有可实施性	10 分			
	所拍摄视频清晰、流畅，且完整记录情景模拟过程	10 分			
综合素质考核 20%	积极实施任务	5 分			
	具备良好的团队合作意识，且善于反思与总结	5 分			
	善于理论联系实际，能够将所学知识应用于情景模拟中	10 分			
合计		100 分			
总评	自评（20%）+互评（20%）+师评（60%）=	教师（签名）：			

专题九　有条不紊讲程序——仪式礼仪

情景案例

一场顺利的签约仪式背后

经过谈判，昌兴公司与某上市公司达成项目合作意向，将于三天后举行正式的项目合作签约仪式。为使当天的签约仪式顺利进行，签约仪式策划组结合签约仪式的基本礼仪，进行了细致、妥当的流程安排，并提前布置好了签约会场。

签约仪式当天，双方项目组成员根据工作人员指引，按照顺序进入会场并在指定座位入座。然后，按照流程，双方主签人和助签人上台。双方主签人握手后，在助签人的协助下分别在两份合作协议上签字。签字完成后，双方代表举杯庆祝，并合影留念。签约仪式在和谐的氛围中顺利结束了，双方的合作项目正式启动。

思考

从上述案例来看，一场圆满的签约仪式需要具备哪些条件？

一、签字仪式礼仪

签字仪式是指业务双方或多方经过会谈、协商，形成了某项协议或合同，由各方代表在有关协议上签字并交还相关文本的仪式。签字仪式礼仪是指各方人员在举行签字仪式时应遵守的礼仪程序和规范。

（一）签字仪式的准备

1. 准备待签文本

在谈判或洽谈结束后，签约各方应指定专人按照达成的协议，做好待签文本的定稿、翻译、校对、印刷、装订、盖章等一系列工作。文本一旦签字就具有法律效力，因此，待签文本的准备一定要严谨、慎重。

签署涉外合同时，通常按照国际惯例确定文本的语言文字，具体情况有如下两种：① 双边签约的签字文本应同时使用双方法定的官方语言文字撰写，必要时还可以使用国际通行的第三方文字，如英文、法文等；② 多边签约的签字文本应使用经各方协商确定的语言文字撰写。

待签文本应用白纸印刷并装订成册，再配以封皮，以示郑重。

2．确定出席人员

在举行签字仪式之前，签约各方应预先确定好各自参加签字仪式的人员，并相互通报。尤其是出席签字仪式的客方，要先将己方的出席人员名单提前告知主方，以便主方安排。

通常，签约各方应预先确定的人员包括主签人、助签人和陪同人员。

（1）主签人。主签人是签字仪式上的主要角色，其可由各签约方参与谈判或洽谈的主谈人担任，也可由各方更高级别的领导人担任。需要注意的是，双方主签人的身份应大体相当。

（2）助签人。助签人是指在签字仪式过程中帮助主签人翻揭待签文本、指明签字之处的人。助签人必须了解签约各方的谈判或洽谈过程，清楚待签文本的整理、起草和制作情况，并非常熟悉助签业务。

（3）陪同人员。出席签字仪式的陪同人员，主要是参加谈判或洽谈的全体人员，人数以相等为宜。

3．选择签字场地

签字场地即正式举行签字仪式的场地，其通常应根据参加签字仪式的人员人数和合同内容的重要程度来确定。签字场地可以选在庄重严肃、宽敞明亮的专用的签字大厅进行，也可以选在客方所住的宾馆或主方的会客厅进行。签字场地的选择应当由签约各方协商确定，任何一方自行决定后再通知其他各方的行为都属于失礼行为。

4．布置签字厅

签字厅的布置通常由主方负责操办。布置签字厅的总体原则是庄重、整洁。一般在签字厅内设置一张长方形桌作为签字桌，桌面上铺深色台布，并摆放好待签文本、签字笔、吸墨器等。签署双边合同时，桌后并列摆放两把椅子，供双方签字人就座。助签人在其外侧助签，双方的随席人员分别站在己方主签人的座位后面，并按照职位高低、由中间向两侧依次排开。具体布置如图 9-1 所示。

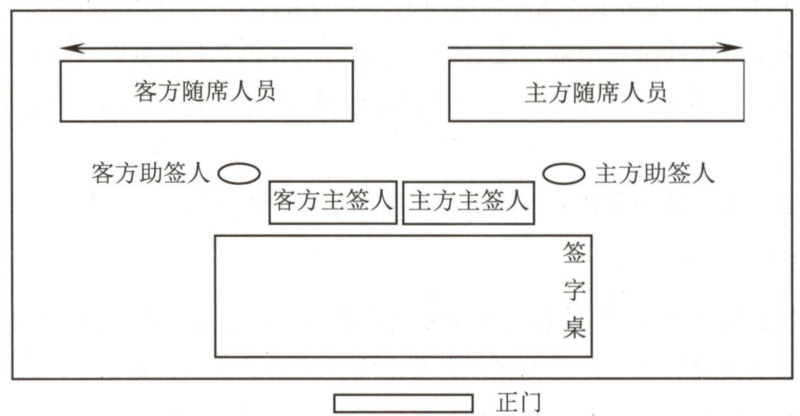

图 9-1　签字仪式的座次安排

（二）签字仪式的程序

1. 仪式开始

签约各方的全体出席人员进入签字厅，按照顺序在指定的座位入座。

2. 签署文本

开始签字时，助签人应站在相应位置协助翻揭文本并指明签字之处，如图 9-2 所示。由主签人在己方保存的文本上签字，然后由助签人员合上文本，在签字人的身后相互交换文本，双方主签人分别在对方保存的文本上签字。

3. 交换文本

各方签字人员起立，相互交换文本并握手致意。此时，全场出席人员应热烈鼓掌，以表祝贺，如图 9-3 所示。

图 9-2　正式签署文本

图 9-3　交换签署完毕的文本

4．举杯庆贺

签约各方的相关人员，尤其是各方主签人应接过一杯由礼宾小姐端上来的香槟酒，与他方的主签人及相关人员一一碰杯并当场饮用，然后高举（以齐于眼部为宜）酒杯示意，相互道贺。

5．退场

签字仪式结束后，主方应先请签约各方的最高领导人退场，然后请客方人员退场，最后主方人员退场。整个仪式所用的时间以半小时为宜。

二、开业仪式礼仪

开业仪式是商业性组织为庆祝成立或开张，经过精心策划并按照一定程序而举行的一种庆祝仪式活动，目的是传播开业单位信息，宣传开业单位形象。开业仪式礼仪是指在举办和参加开业仪式的过程中所应遵守的礼仪规范。

（一）开业仪式的准备

筹备开业仪式时，对于舆论宣传、来宾邀请、接待服务、场地布置、礼品准备、程序拟定等工作需要事先做好安排。

1．舆论宣传

在开业仪式正式举行的前 3～5 天，开业单位应向社会各界宣传开业仪式的举办时间、举办地点、企业的经营范围和特色、开业之际对顾客的优惠情况等，以吸引社会各界人士的关注，争取被认可和接受。

舆论宣传的方式主要有以下几种：① 在单位建筑物周围设置醒目的条幅、广告语、宣传画等进行宣传；② 向公众散发广告单页进行宣传；③ 利用报纸、杂志及网络等媒介进行宣传；④ 运用广播、电视等媒体进行宣传。

2．来宾邀请

开业仪式影响力的大小实际上取决于来宾身份的高低和数量的多少，因此，开业单位应在力所能及的情况下，力争多邀请一些来宾参加仪式。

（1）邀请的人员。地方领导、上级主管部门与地方职能管理部门的领导、合作单位的领导、同行单位的领导、社会团体的负责人、社会名人、媒体人员等，都是邀请考虑的重点。

（2）邀请的方式。邀请来宾时，可以采取电话、传真、发邀请函等方式进行。为了表明诚意与尊重，通常应采取发邀请函的方式进行，对于重要嘉宾，应派专人将邀请函送到被邀请者手中。

邀请函

××先生（女士）：

兹定于××月××日（星期×）××时在××处举行××开业仪式。敬请光临，谢谢。

××公司

××××年××月××日

（3）邀请的时间。邀请工作应至少提前一周完成，以便被邀请者早做安排。

3．接待服务

在举行开业仪式的现场，一定要有专人负责来宾的接待服务工作。主办单位的全体员工除了要热情待客、主动帮助之外，更重要的是明确分工，各尽其职。

此外，要为来宾准备好专用的停车场、休息室和饮食等。在接待贵宾时，需由单位负责人亲自出面；在接待其他来宾时，可由礼仪人员负责。

4．场地布置

开业仪式多在开业现场举行，可以是正门之外的广场，也可以是正门之内的大厅。按照惯例，举行开业仪式时，宾主一律站立，所以一般不设主席台。为体现隆重和对来宾的敬意，可在来宾尤其是贵宾站立之处铺设红地毯，并在场地四周悬挂横幅、标语、气球、彩带等物。

此外，还应当在醒目处摆放来宾赠送的牌匾、花篮等；来宾的签到簿、单位的宣传材料、待客的饮料等，也须提前备好；音响、照明设备及其他用具，必须事先检查、调试，以防在使用时出现差错。

5．礼品准备

仪式举行前，应事先准备一些礼品，以便赠给届时参加仪式的来宾。所赠礼品应突出宣传性、价值性和实用性。

- 宣传性：即礼品应具有开业单位的鲜明特色。通常，可采取在礼品及其包装上印刷开业单位的标志、产品图案、广告用语等方式来增加礼品的宣传性。
- 价值性：即礼品应具有纪念意义，能使受赠者对其倍加珍惜。
- 实用性：即礼品应具有实际使用价值，能为受赠者带来生活或工作上的便利。

6．程序拟定

为使开业仪式顺利进行，在筹备之时，必须要认真拟定具体的程序，并选定称职的仪式主持人。拟定开业仪式程序应坚持以下两条原则：① 时间宜短不宜长。一般来说，应以 1 个小时为宜。② 程序宜少不宜多。

开业仪式方案——长远大酒店开业庆典

庆典开始时间：2021 年 3 月 6 日上午 9 点

地点：长远大酒店西江厅

名称：长远大酒店开业庆典剪彩仪式

简介：长远大酒店于 3 月 6 日在酒店所在地隆重举行开业剪彩仪式，届时会有许多商业人士、新闻媒体及市政府领导出席。在剪彩仪式结束之后，我们将邀请来宾参观长远大酒店，使大家了解酒店在饮食、娱乐、住宿等方面的配套设施、服务功能和服务特色。同时，酒店准备了丰盛的午宴款待各位嘉宾，届时请各位尽情享用。

活动安排：

9:00～9:30	礼仪人员迎宾。
9:30～9:40	主持人宣布开业仪式正式开始，首先介绍主办方活动宗旨，接下来介绍与会嘉宾。
9:40～9:45	主持人邀请酒店负责人王总经理上台致辞。
9:45～9:50	主持人邀请市政府领导上台致辞。
9:50～10:10	主持人邀请嘉宾剪彩。
10:10～11:00	主持人宣布剪彩仪式结束，邀请嘉宾参观长远大酒店。
11:00～12:30	在长远大酒店设宴，请嘉宾共进午餐。

（二）开业仪式的程序

1．迎宾

礼仪人员在会场门口就位，迎接来宾，待来宾签到后，引导来宾就座。

2．典礼开始

主持人宣布开业仪式正式开始，全体起立，鸣放鞭炮，奏乐。之后，主持人宣读重要来宾名单。

3. 致贺词

由上级领导或来宾代表致贺词，主要表达对开业单位的祝贺，并寄予厚望。

4. 致答谢词

由本单位负责人致答谢词，其主要内容是向来宾及祝贺单位表示感谢，并简要介绍本单位的经营特色和经营目标等。

5. 揭幕或剪彩

揭幕就是由本单位负责人和上级领导或嘉宾揭去盖在牌匾上的红布。揭幕的具体做法如下：揭幕人走到红幕前，双手接过幕布彩索，目视幕布，然后双手拉启彩索，使被幕布蒙住的牌匾或纪念碑显露出来，如图 9-4 所示。揭幕后，在场人员应鼓掌，同时奏乐。

图 9-4　揭幕

剪彩就是在仪式上由剪彩人员剪断彩带，如图 9-5 所示。剪彩前应事先准备好剪刀、托盘和彩带。剪彩时，由拉彩者拉好彩带，礼仪人员端好托盘，捧花者手托花团，剪彩者用剪刀将彩带剪断。这时，场内应以掌声表示祝贺。

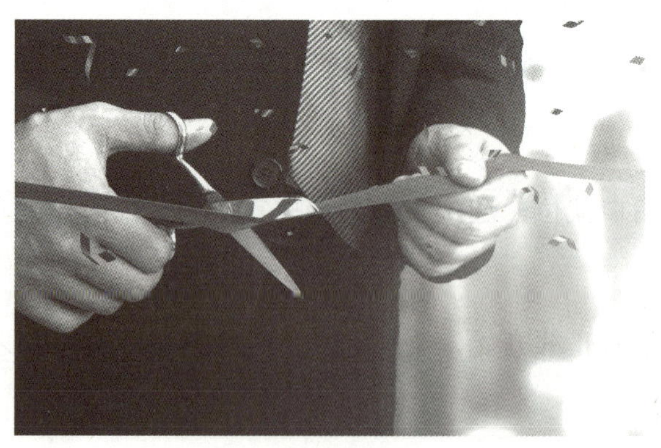

图 9-5　剪彩

6. 参观

如有必要，可以引导来宾参观，介绍本单位的主要设施、特色商品及经营策略等。

7. 迎接首批顾客

可以采取让利销售或赠送纪念品的方式吸引顾客，也可以选择一些有代表性的消费者参加座谈，虚心听取消费者的意见，拉近与消费者的距离。

以上程序可视具体情况有所增减，无须生搬硬套。总之，开业仪式的整个过程要紧凑、简洁高效，避免时间过长、内容杂乱，使来宾产生不快。

三、剪彩仪式礼仪

剪彩仪式是指开业单位邀请专人使用剪刀剪断被称为“彩”的缎带，以示开业的庆祝活动。剪彩仪式是开业仪式中的一项重要环节，因其具有特定的规范，故在此对剪彩仪式的准备和基本礼仪做单独的讲述。

礼仪故事

据说，剪彩最早起源于美国。20 世纪初，美国一家百货商店将要开业。店主为了阻止闻讯后蜂拥而至的顾客在正式营业前闯入店内抢购促销商品，便随便找来一条布带子拴在门框上。不承想这项临时性的措施竟然更加激发了挤在店门之外的人们的好奇心，促使他们更想早一点进入店内，对即将出售的商品先睹为快。

正当店门之外的人们有些迫不及待的时候，店主的小女儿牵着一条小狗突然从店里跑出来，小狗将拴在店门上的布带子碰落在地。人们误以为这是该店为了开业所搞的“新把戏”，于是立即一拥而入，大肆抢购。让店主惊喜的是，他的商店在开业之日的生意居然红火得令人难以置信。

（一）剪彩仪式的准备

1. 确定剪彩人员

剪彩仪式举行前，举办单位应认真选择并确定剪彩人员，主要包括剪彩者和助剪者。

（1）剪彩者。剪彩者即剪彩仪式上持剪刀剪彩的人，其身份地位的高低与剪彩仪式档次的高低有着密切联系。他们通常由举办单位的上级领导、合作伙伴、社会名流或客户代表担任。

根据惯例，剪彩者可以是 1 人，也可以是数人，但一般不多于 5 人。在确定剪彩者时，必须尊重被邀请剪彩人的意见，切勿勉强；若需邀请数人担任剪彩者，则应分别告知每位剪彩者届时他将与何人同担此任，否则，是有失礼仪的。

必要时，可在剪彩仪式举行前，将剪彩者集中在一起，告知其有关的注意事项并稍加排练。

（2）助剪者。即在剪彩仪式上为来宾和剪彩者提供服务的礼仪人员，具体又可分为迎宾者、引导者、拉彩者、捧花者和托盘者，其各自的助剪任务如下：

- 迎宾者：负责在仪式现场迎送宾客。
- 引导者：负责在剪彩时带领剪彩者登场或退场。
- 拉彩者：负责在剪彩时展开或拉直彩带。
- 捧花者：负责在剪彩时手托花团。
- 托盘者：负责为剪彩者提供剪刀、手套等剪彩用品。

一般情况下，迎宾者为数人；引导者为 1 人；捧花者的人数与花团的个数一致；拉彩者通常由捧花者兼任；托盘者可为 1 人，也可与剪彩者的人数一致。

2. 准备剪彩用具

剪彩用具是指剪彩仪式上所需使用的特殊用具，具体包括彩带、新剪刀、白色手套、托盘和地毯。

（1）缎带。缎带即剪彩仪式中的“彩”。按照传统的做法，缎带应由一整匹未曾使用过的绸缎，在中间结成数朵花团而成如图 9-6 所示；按照目前的做法，缎带也可为一条长度为 2 米左右的细窄的绸缎。

（2）新剪刀。新剪刀是剪彩者正式剪彩时所用的剪刀。它必须崭新、锋利而顺手，如图 9-7 所示，且其数量应与剪彩者的人数一致。仪式举办单位在准备新剪刀时一定要逐一检查剪刀是否好用，以免剪彩者届时不能一举成功地剪断彩带而一再补刀。

图 9-6　缎带

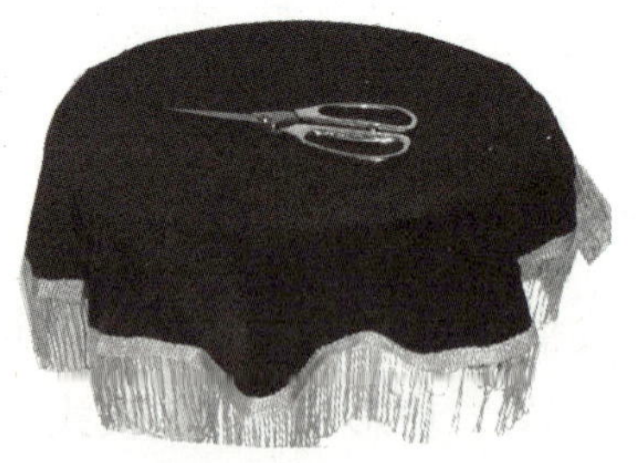

图 9-7　新剪刀

礼仪故事

某大酒店准备举办开业庆典，一位受邀为酒店开业剪彩的市领导因为要到外地开会不能参加剪彩活动。酒店负责人为了表示对该领导的尊重，再三邀请希望其能挤出时间参加剪彩。后来，该领导的会议因故取消了，他在剪彩仪式开始前2分钟赶到了现场。然而，筹备剪彩工具的人员没有给他准备剪刀。此时，剪彩嘉宾已经上场了，慌乱间只见一位有经验的礼仪人员从自己的工作袋里拿出一把新剪刀，问题才得以解决。

（3）白色手套。为了显示郑重，最好为每位剪彩者准备一副白色手套，如图 9-8 所示。该手套应崭新平整、洁白无瑕、大小合适、数量充足。当然，有时也可不准备。

（4）托盘。托盘是托在礼仪人员手中，用于盛放新剪刀和白色手套的盘子。该托盘通常为崭新、洁净的银色不锈钢制品，如图 9-9 所示，在使用时可铺上红色绒布或绸布，以示正规。

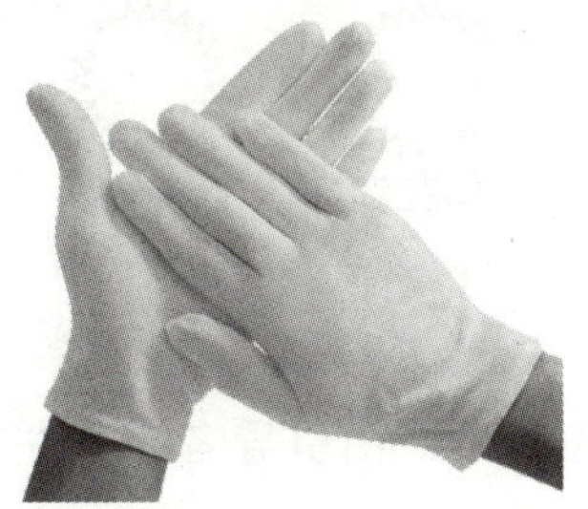

图 9-8　白色手套

图 9-9　托盘

（5）地毯。为了营造喜庆的气氛、提升剪彩仪式的档次，可以在剪彩现场铺设地毯。地毯应铺设在剪彩者正式剪彩时所站立之处，其宽度应为 1 米以上，长度则可视剪彩者人数的多少而定。

（二）剪彩仪式的程序

剪彩既可以是开业仪式中的一项具体程序，也可以独立出来，由其自身的一系列程序所组成。而独立的剪彩仪式，通常应包含以下 5 项基本程序：

（1）入场、奏乐，请来宾就座。

（2）主持人宣布仪式正式开始，现场可燃放鞭炮，全体到场者热烈鼓掌。主持人宣读主要来宾名单。

（3）进行发言。发言者依次应为举办单位的代表、上级主管部门的代表、地方政府代表、合作单位的代表等。

（4）进行剪彩。在剪彩前，主持人应向全体到场者介绍剪彩者。剪彩时，全体到场者应热烈鼓掌，必要时还可奏乐或放鞭炮。

（5）进行参观。剪彩之后，举办单位负责人应陪同来宾参观，并详细介绍情况。仪式至此宣告结束。随后，举办单位可向来宾赠送纪念品，并可设宴款待来宾。

（三）剪彩人员的礼仪

（1）当主持人宣布开始剪彩之后，助剪的捧花者和托盘者应立即登场。登场时，通常应排成一行从仪式台的右侧（以全体到场者面向仪式台的视角为基准）进场。登场后，捧花者均双手捧 1 朵花团站成一排面向全体到场者，托盘者则站在捧花者身后约 1 米处，并自成一排，如图 9-10 所示。

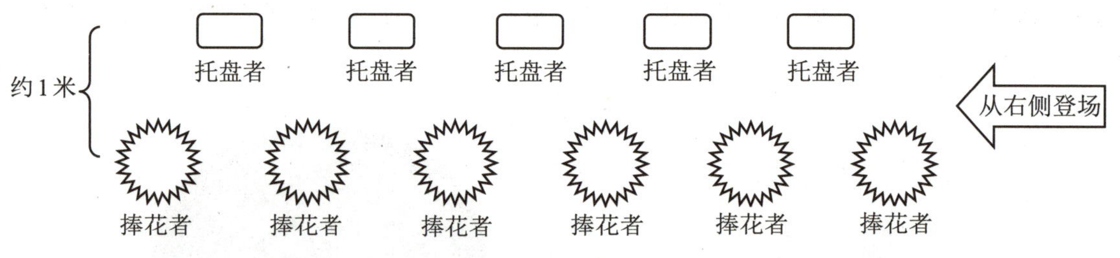

图 9-10　捧花者和托盘者的站立位置

（2）剪彩者应该列队从右侧出场，主剪者要走在前面，由引导者在其左前方引导，使之各就各位。当剪彩者到达既定的位置后，托盘者应上前一步，站在剪彩者的右后侧，为他们递上剪刀、手套，剪彩者应含笑道谢。

（3）开始剪彩时，剪彩者应首先向拉彩者、捧花者示意，待其有所准备后，剪彩者即可集中精力，右手持剪刀，庄重地将彩带一刀剪断。若有多人同时剪彩，则各剪彩者应留意其他剪彩者的动作，以使彼此的剪彩动作协调一致，从而同时剪断彩带。

（4）剪彩后，剪彩者将剪刀和手套放回托盘，并举手鼓掌。之后，应依次与举办单位负责人握手道喜，并在引导者的引导下从右侧退场。

浩气长存

白花凌空绽放 银练寄托追思

2021 年 9 月 30 日是我国第八个烈士纪念日。为缅怀革命先烈、弘扬英雄精神，参加中国航展的空军“八一”飞行表演队和空军航空大学“红鹰”表演队，分别驾驶歼-10、教-8 表演机，以低空通场和拉白色烟带的空中礼仪方式，向革命先辈和英烈致敬。

珠海上空，万里无云。11 时 11 分，“八一”飞行表演队率先出场。伴随着发动机的轰鸣，6 架歼-10 在空中完成队形变换，以大箭形编队直奔苍穹。转眼间，6 架歼-10 喷吐着白色的烟雾，时而向下开花，组成一朵白色的牵牛花悬挂在天际；时而天女散花，组成朵朵白色的小花凌空绽放。这白色的小花是一种思念，寄托着空军官兵对革命先烈的敬仰追思；这白色的牵牛花更像是一支号角，承载着空军官兵赓续英雄血脉的凌云壮志。“八一”飞行表演队队长李斌说：“今天是我国第八个烈士纪念日。在这个特殊的日子，我们采用这种表演方式，向那些为国捐躯的英烈忠魂致敬。”

航展观礼台前，空军航空大学“红鹰”表演队驾驶 8 架教-8 从机场跑道一端低空呼啸而来，以低空通场的空中最高礼节掠过观礼台。同时，8 道白色的烟带喷吐而出，那道道白色的烟带仿佛为烈士敬献花篮的缎带，寄托着空军将士对烈士的追思。走下战机，空军航空大学“红鹰”表演队队长张立斌介绍，用白色烟带进行飞行表演，既营造出庄严肃穆的节日氛围，又体现了震撼的飞行效果，展现了空军官兵捍卫国家领空安全的坚定信心。

实践训练

商务开业典礼策划及模拟

任务概述

请同学们以小组为单位寻找机会参加一次某企业的开业庆典，然后就此次开业庆典的长处和不足进行讨论，并以此为背景撰写一份开业典礼策划方案，并根据方案进行情景模拟。

任务分组

全班学生以 8～10 人为一组进行分组，各组选出组长并进行任务分工，将小组成员及分工情况填入表 9-1。

表 9-1　小组成员及分工情况

班级________　　组号________　　指导教师________

小组成员	姓名	学号	组员职责
组长			
组员			

任务准备

（1）回忆所学知识，熟悉开业仪式的准备工作和程序，以及剪彩仪式的准备工作和程序，掌握剪彩人员应遵守的礼仪规范。

（2）准备剪彩道具。

任务实施

以小组为单位开展实践活动，确定活动开展时间（具体日期、时间段），并将具体实施情况记录在表 9-2 中。

表 9-2　实施情况记录表

时间安排	实施步骤
	1. 以小组为单位参加某企业的开业庆典
	2. 开展小组讨论，总结此次开业庆典的长处与不足
	3. 小组成员分工合作搜集资料，撰写开业典礼方案

续表

时间安排	实施步骤
	4．根据开业典礼方案，布置开业典礼现场
	5．根据开业典礼方案，分角色模拟企业开业剪彩的场景 （通过视频记录情景模拟全过程。）
	6．回看视频，了解自己在此次情景模拟中有哪些礼仪运用不到位的地方，并记录在下方

评价反馈

各组配合指导教师完成如表 9-3 所示的考核评价表。

表 9-3　考核评价表

项目名称	评价内容	分值	评价分数		
			自评	互评	师评
知识与技能考核 60%	熟悉开业仪式的准备工作及程序，能够根据所学知识设计出开业典礼方案	30 分			
	熟悉剪彩仪式的准备工作及程序，掌握剪彩人员应遵守的礼仪规范，在情景模拟中能够正确布置剪彩场地，准备剪彩工作，按照流程完成剪彩仪式	30 分			
成果考核 20%	开业典礼方案新颖且有特色	10 分			
	所拍摄视频清晰、流畅，且完整记录情景模拟过程	10 分			
综合素质考核 20%	积极实施任务	5 分			
	具备良好的团队合作意识，且善于反思与总结	5 分			
	在开业典礼情景模拟中举止得体，动作规范，表情自然	10 分			
合计		100 分			
总评	自评（20%）+互评（20%）+师评（60%）＝	教师（签名）：			

畅吃有法
——商务宴请礼仪篇

引言

在商务交往中，宴请是一种常见的交际活动。它可以加强交往双方之间的沟通，增进双方之间的感情，从而促使双方进一步达成共识，促进商务目标的达成。

那么，商务宴请礼仪具体包括哪些内容，商务人员在进行宴请准备时应遵守哪些礼仪规范，在赴宴时要注意哪些礼仪规范，中式宴请与西式宴请分别需遵守哪些礼仪规范呢？基于以上问题，本项目从商务宴请的基本礼仪讲起，详细介绍了中式宴请与西式宴请分别应遵守的礼仪规范。

学习目标

知识目标
ZHISHI MUBIAO

- 熟悉宴请准备礼仪，掌握赴宴礼仪
- 掌握中式宴请的桌次、座次礼仪，中餐的餐具使用和就餐礼仪
- 熟悉西式宴请的座次礼仪，掌握西餐的餐具摆放、使用礼仪和就餐礼仪
- 熟悉安排自助餐会的礼仪，掌握享用自助餐的礼仪

技能目标
JINENG MUBIAO

- 能够组织和策划各类商务宴请活动
- 在参加各类商务宴请活动时，能够遵守相关礼仪规范，做到文明就餐

素质目标
SUZHI MUBIAO

- 秉持中华民族传统美德，珍惜粮食，养成勤俭节约的良好习惯
- 树立创新意识，提升创新能力

专题十 宾主尽欢有学问——宴请的基本礼仪

情景案例

用餐者的修养

贾林是一家外贸公司的业务经理。有一次，贾林因工作需要，而设宴招待一位生意伙伴。有意思的是，那一顿饭吃下来，令对方最为欣赏的，不是贾林专门为其所准备的丰盛菜肴，而是贾林在陪同对方用餐时的举止表现。用那位客户当时的原话来讲就是："贾先生，你在用餐时一点儿响声都没有，使我感到你的确具有良好的教养。"双方后续的合作也进行得十分顺利。

思考

从上述案例中，你得到了什么启示？参加宴会时，应注意遵守哪些礼仪规范？

宴请是一种重要的社交活动，是商务人员在交往中表示欢迎、庆祝、答谢、饯行等以增进友谊和融洽气氛的重要手段。做好宴请的各项工作，遵循宴请的礼仪规范，会使商业活动达到事半功倍的效果。

一、宴请准备礼仪

（一）确定宴请目的

在宴请他人之前，首先应确定宴请目的。宴请的目的可以是表示欢迎、欢送、答谢某个人或某单位，也可以是表示庆祝、纪念某个节日或活动。

（二）确定宴请对象

根据宴请目的，事先确定宴请哪些人、宴请多少人，以及被宴请人的姓名、国籍、职务、称呼、习惯、爱好等，并列出详细的宴请清单，以便确定宴请的规格、形式及主陪人等。

（三）确定宴请形式

根据宴请目的和对象，确定宴请的举办形式，如中式宴请、西式宴请、自助餐会等。

其中，中式宴请在我国商务交往活动中最常用。

（四）确定宴请时间

根据主客双方的具体情况确定宴请的时间。宴请的时间应避开重大节假日和双方的禁忌日，并应便于主客双方的出席。

（五）确定宴请地点

根据宴请规格和形式事先确定宴请的地点。一般而言，宴请的地点应交通便利、环境幽雅、服务周全，宴请的场所应能容纳出席宴会的全体人员。

（六）确定菜谱

根据宴请的形式，以及被宴请宾客的年龄、性别、风俗习惯、健康状况、喜好和禁忌等确定宴请的菜谱。菜谱中的菜肴应赏心悦目、富有特色并搭配合理。

（七）邀请宾客

一切具体工作都准备就绪之后，便可向宾客发出邀请。邀请的方式分为口头邀请（如口头告知或电话邀请）和书面邀请。通常，邀请宾客出席宴会应采取书面邀请方式，其具体形式为发送请柬。

请柬的内容应包括邀请人的姓名或单位名称，被邀请人的姓名及称呼，宴请的形式、地点、时间，以及出席宴请的着装要求或提示等，必要时还应注明被邀请人的座次号。

请柬应提前 1～2 周，甚至 1 个月发出，特别重要的客人必须委派专人送达。请柬发出后，还应及时落实出席情况，以便安排或调整座位。

二、赴宴礼仪

参加宴会的商务人员在赴宴过程中应注意以下礼仪规范，以体现出良好的气质风度和高深的礼仪修养。

（一）及时回复

接到邀请后，应尽快明确地表明自己是否出席，以便主人掌握出席人数。接受邀请后，不要随意变动，确有意外不能前往，要提前解释，并深致歉意。主宾如果不能如期赴宴，最好亲自登门致歉。

（二）注重仪表

出席比较正式的宴会应提前适度修饰自己的仪表。男士要修整须发，女士要修饰仪容。无论男女，都要穿着既符合自己在宴请场合的身份又突出自身气质的衣服。

（三）准时赴宴

赴宴者应按宴请的时间、地点及其他要求准时出席，既不要迟到，也不要过早抵达。到场太早，主人尚未做好接待准备，容易给主人添麻烦；过迟，则会使宴会受到影响，不仅会给主人带来不便，还会使其他宾客感到不悦。

（四）按位落座

在宴会厅，要按服务人员的指引和主人的安排就座，注意自己的姿态，既不过于拘谨，也不散漫随便。同桌如有长者和女士，应主动帮扶他们。

（五）文雅进餐

取菜时，遇到自己爱吃的，不要盛得过多；不喜欢的，也不要一点不吃。正式宴会上，表示厌恶某种食物或某一道菜是不礼貌的。吃东西要文雅，要闭嘴咀嚼，不要出声，咀嚼时不要张嘴说话。喝汤时要避免发出“呼噜”的声音。

（六）宴后致谢

宴会未结束而自己已吃好，一般不可中途离席。等主人示意宴会结束，起身离席后，客人才可依次离席。离开前应向主人道谢，如“谢谢您的款待”“您真是太好客了”“菜肴丰盛极了”，并向其他客人告别，再握手告辞。如果有事要提前离席，则应向主人及同席的客人致歉。

实践训练

商务宴请计划书初拟

任务概述

继续以南京三新胜公司与北京东升原公司合作到期之际再次就代理业务进行商谈为实训背景。由于双方之前合作非常愉快，所以此次谈判十分顺利，仅一周时间就将各项合作条件谈妥。为了庆祝这次谈判的成功，也为了尽地主之谊，东升原公司市场部总监韩云盛情邀请三新胜公司的谈判代表在签约仪式之后共进晚餐，并将此次宴请的准备工作交给了其助理小叶。

请同学们以小组为单位，帮助小叶进行宴请准备筹划，并撰写一份《××宴会筹备计划书》。

任务分组

全班学生以8～10人为一组进行分组，各组选出组长并进行任务分工，将小组成员及分工情况填入表 10-1。

表 10-1 小组成员及分工情况

班级______________ 组号______________ 指导教师______________

小组成员	姓名	学号	组员职责
组长			
组员			

任务准备

（1）回忆所学知识，掌握宴请准备礼仪。

（2）学习计划书的结构、写法等相关知识。

任务实施

以小组为单位开展实践活动，确定活动开展时间（具体日期、时间段），并将具体实施情况记录在表 10-2 中。

表 10-2 实施情况记录表

时间安排	实施步骤
	1．小组成员分工合作，查找商务宴请相关资料
	2．小组讨论，根据所学知识及搜集的资料撰写《××宴会筹备计划书》 （计划书的内容应包括拟宴请宾客名单、宴请形式、宴请时间、宴请地点、菜谱的选择、桌椅摆放方式、场地装饰方式、接待服务人员安排等详细内容。）

评价反馈

各组配合指导教师完成如表 10-3 所示的考核评价表。

表 10-3　考核评价表

项目名称	评价内容	分值	评价分数		
			自评	互评	师评
知识与技能考核 50%	掌握宴请准备礼仪，能够根据所学知识撰写宴请计划书，具备组织商务宴请活动的能力	30 分			
	掌握资料搜集的途径与方法，能够根据要求搜集相关资料	20 分			
成果考核 30%	计划书格式正确，内容完整，逻辑清晰	15 分			
	所搜集的资料与活动主题密切相关，且系统、完整	15 分			
综合素质考核 20%	积极实施任务	5 分			
	具备良好的团队合作意识	5 分			
	善于理论联系实际，能够将所学知识应用于实践活动中	10 分			
合计		100 分			
总评	自评（20%）+互评（20%）+师评（60%）=	教师（签名）：			

专题十一　举箸怀俗勤传承——中式宴请礼仪

情景案例

小细节大败笔

李先生是一家科技公司的咨询顾问，在工作业务、交际能力等方面都相当出色。由于他接受能力强，虚心好学，对业务精益求精，来公司3年已成为公司的优秀业务骨干。但却因为在一次宴会上忽视了细节而被解雇了。

一次，公司总经理邀请一位大客户吃饭，并让李先生陪同。在等待客人的过程中，总经理提醒他说："今天，你不是代表自己，而是代表公司，待人接物一定要注意细节，不要出现差错。"

结果，在吃饭时，李先生嘴巴里发出"吧嗒吧嗒"的声音，弄得总经理非常尴尬。这时，客户开玩笑地说："你们小李给我们的印象不错，我们也希望能一起合作。不过我还第一次和小李吃饭，这小李吃饭时还会伴奏呀！"结果这个客户没有选择和他们合作。尽管这不是李先生工作失误，但总经理也没有再和他续签劳动合同。

思考

从上述案例中，你得到了什么启示？参加宴会时，应注意遵守哪些礼仪规范？

在我国，具有传统风格的中式宴会是最常见的宴请形式。因此，商务人员必须掌握相应的中餐礼仪知识，主要包括桌次和座次礼仪、餐具的使用礼仪、就餐礼仪和饮酒礼仪等。

一、桌次和座次礼仪

在中式宴请中，桌次和座次的排列顺序体现着主人给予宾客的礼遇规格，二者都是宴请礼仪的重要内容。

（一）桌次礼仪

中式宴会一般采用圆桌，视用餐人数的多少设一桌或多桌。在正式的中式宴会中，桌次排列应遵循以下原则：

（1）居中为上。多张餐桌环绕摆放时，居于正中间的餐桌为主桌。

（2）以右为尊。多张餐桌横向并列摆放时，以面向宴会厅正门的视角为基准，右侧的餐桌位尊于左侧的餐桌位。

（3）远门为上。多张餐桌纵向排列时，以距离宴会厅正门的远近为基准，距离正门远者为尊位。

（4）临台为上。若宴会厅内有主席台，则紧挨着主席台的餐桌为主桌。

对于仅有两桌宾客的小型宴会，可根据场地横向或纵向排列餐桌，如图 11-1 所示。对于有多桌宾客的宴会，可采用多种方式排列餐桌，如图 11-2 所示。

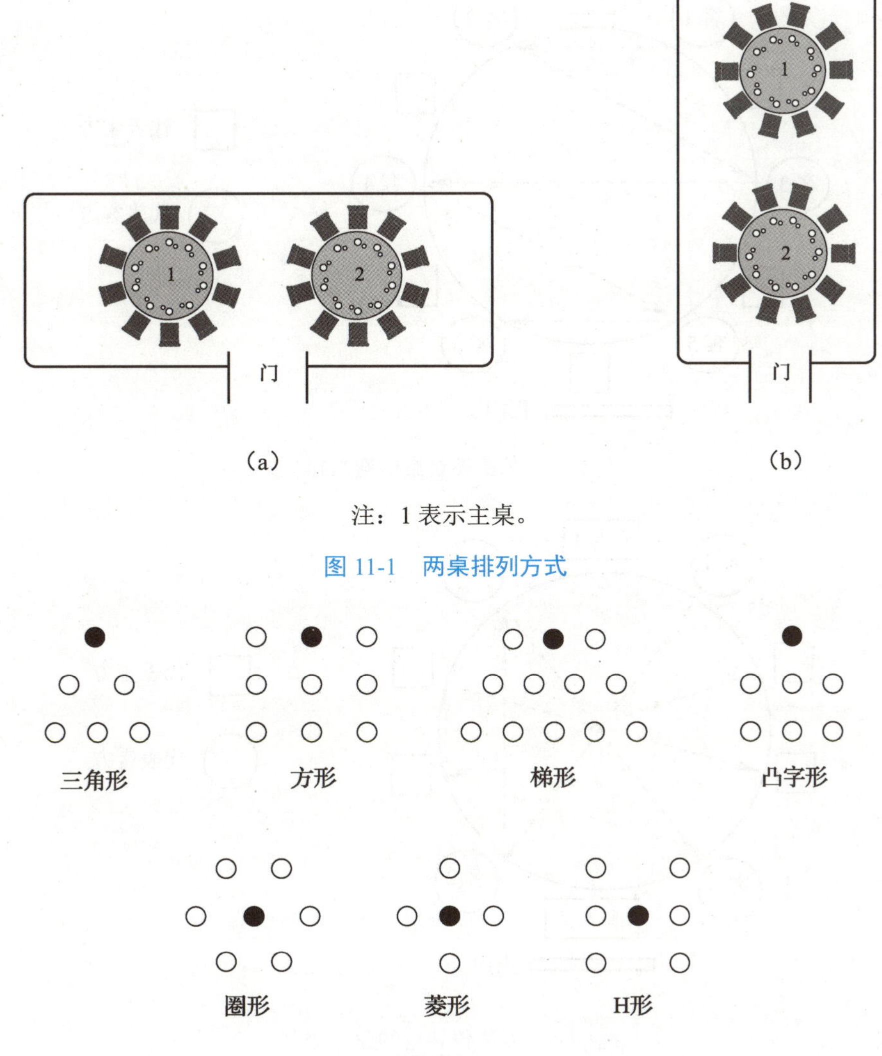

注：1 表示主桌。

图 11-1　两桌排列方式

注：●表示主桌。

图 11-2　多桌排列方式

（二）座次礼仪

在中式宴会中，座次的排列一般遵循以下原则：

（1）面门为尊。即在每张餐桌上，以面对宴会厅正门的座位为尊位。

（2）右尊左卑。即在每张餐桌上，以面向宴会厅正门的视角或该桌主人座位的朝向为基准，右侧的座位尊于左侧的座位。

（3）近尊远卑。即在每张餐桌上，距离该桌主人较近的座位尊于较远的座位。

每桌只有一个主位时座次排列如图 11-3 所示。每桌有两个主位时座次排列如图 11-4 所示。

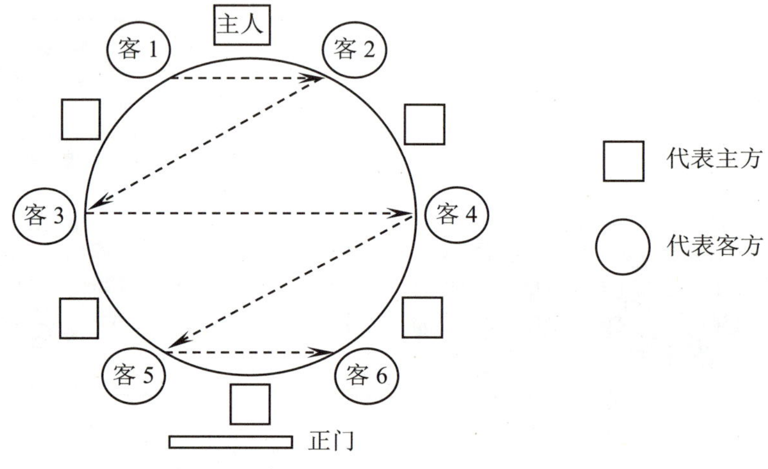

图 11-3　单主位餐桌的座次排列

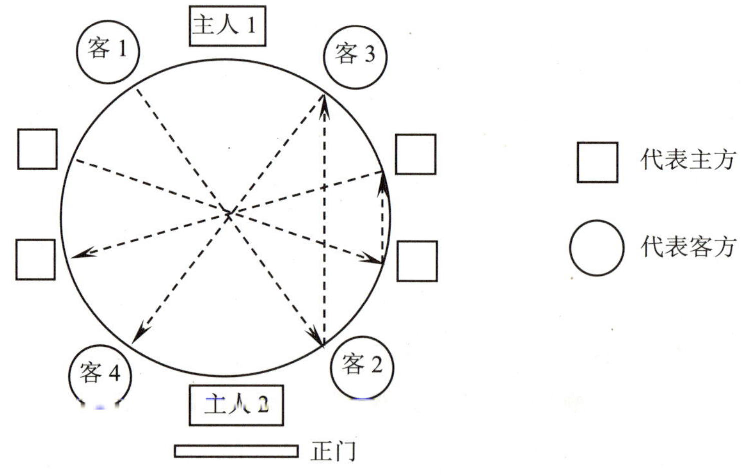

图 11-4　双主位餐桌的座次排列

二、餐具使用礼仪

中餐餐具主要有筷子、勺子、碗、碟、杯子和辅助餐具（如湿巾、公筷、公勺等）（见图 11-5），商务人员在使用这些餐具时应当遵循以下基本礼仪：

（一）筷子的使用

筷子的正确使用方法如图 11-6 所示。

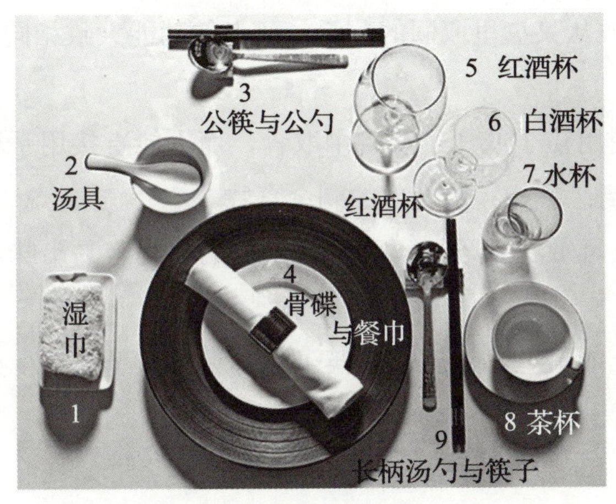

图 11-5　中餐餐具及其摆放位置

图 11-6　筷子的使用方法

（1）用餐时一定要将筷子的两端对齐，切忌出现一长一短的情况。

（2）夹菜时，应确保筷子上无残留食物，不能舔食筷子上的残留食物或把筷子含在嘴里；不能举着筷子在菜盘上探寻，也不能用筷子在菜盘里翻找、挑拣或一次性夹过多的菜；夹菜时不能让菜汁一路滴落。

（3）在用餐过程中与他人交谈时应将筷子合拢，纵向搁在碟子或者碗上，而不能举着筷子在餐桌上挥舞。

（4）不能把筷子插在米饭中，否则有祭奠或上香之嫌。

（5）不能用筷子敲打碗、盘或茶杯等。

（6）用餐完毕，应将筷子放置在筷架上。

（二）勺子的使用

（1）用勺子取食时，不可盛得过满，以免菜肴或汤汁溢出来弄脏餐桌或衣服；舀取食物后应在原处停留片刻，待菜汁不再往下流时再取回来享用。

（2）若取用的食物过烫，则应先将食物放到碗里，待其稍凉后再吃，而不能用勺子在食物中舀来荡去，也不能对着食物吹气。

（3）使用勺子时，将食物送至唇边即可，不要将勺子和食物全部塞入口中，或者反复吮吸、舔食勺子。

（4）暂时不用勺子时，应将其放在自己的碟子上，而不可将其放在餐桌上或插在食物中。

（三）碗、碟的使用

碗主要用于盛放食物，碟主要用于暂放从菜盘里取回的菜肴，两者的功能大致相同。在使用碗、碟时应注意以下礼仪规范：

（1）用餐时不要将碗举得过高；应使用筷子或勺子从碗中取食，而不能直接用手取用，更不能直接用嘴吸食或把食物往嘴里倒；不能舔食碗内的剩余食物。

（2）不要一次性取过多的食物并将其堆放在碟子里，否则，不同的食物容易串味，且这种做法有失礼节。

（3）不要将残渣、骨、刺等吐在地上或桌上，而应使用筷子将其夹至碟子前端；如果碟子满了，可示意服务员更换一个。

（四）杯子的使用

杯子有酒杯、水杯和茶杯之分，酒杯用于盛酒，水杯用于盛放清水、果汁、可乐等，茶杯用于盛装茶水，三者应分开使用。需要注意的是，不要倒扣杯子，不能将喝入口中的酒、饮料或茶水吐回杯中。

（五）湿巾的使用

湿巾用于餐前擦手，擦完后应放回湿巾碟，由服务员收走。有时，在用餐结束前，服务员会再端上一块湿巾，这块湿巾只能用来擦嘴，而不能用来擦脸或擦汗。

（六）水盂的使用

水盂通常为铜盆、大瓷碗或水晶玻璃缸，用于盛放清水，并放有玫瑰花瓣或柠檬片，供用餐者在用手取食之前洗手。

用水盂里的水洗手时，正确而礼貌做法如下：先轮流沾湿两手的指尖，然后轻轻洗双手，切勿乱甩、乱抖；洗完后，将手置于餐桌之下用餐巾或湿巾擦干。

（七）牙签的使用

用餐时，尽量不要当众剔牙。非剔不可时，应用一只手掩住口部；不要当众观赏从牙缝里剔出来的东西，更不要随手乱弹；不要叼着牙签，更不要用剔过牙的牙签扎取食物。

课堂互动

使用中餐餐具时还应避免哪些不文明的言行？请和周围的同学展开讨论。

知识拓展

中餐上菜礼仪

1. 上菜的顺序

在中式宴会中，上菜应讲究一定的顺序。一般的上菜顺序如下：

（1）冷盘。即凉菜，通常是由四种或四种以上的菜品组成的大拼盘。

（2）热炒。即现炒的菜肴，通常有四道。

（3）主菜。又称“大菜”或“大件”，通常有四道、六道或八道（须为偶数道），一般不超过十二道。这些菜肴（如全乳猪、烤羊腿等）是采用不同的食材，配以各种调味品，用各种烹调方法制作而成，是最能表现出宴席特色的菜品。

（4）汤。分为甜汤和咸汤，通常与点心相搭配：若上咸点心，则上咸汤；若上甜点心，则上甜汤。

（5）点心。宴会上一般不供应米饭，而是以糕、饼、包子、饺子等点心代替。

（6）果盘。即各种水果的拼盘，是正餐后的一道清口菜，旨在爽口、去油腻。

2. 上菜时的注意事项

（1）为多张餐桌上菜时应保证向各桌同时上菜，且第一道菜宜在开席前 5 分钟之内端上餐桌。

（2）每上一道菜都应转动转盘，将这道菜移至第一主人或第一主宾的面前。

（3）上菜和撤盘应分别从用餐者的左侧和右侧进行，但应避免在第一主人或第一主宾的身边操作。

（4）上菜节奏应根据宾客的要求和进餐速度进行灵活把握，以防菜品堆积或出现空盘、空台的现象。

三、就餐礼仪

在中式宴会上就餐时，商务人员应当遵守以下礼仪规范：

（1）主人示意开宴后方能开始用餐。用餐时应保持仪态端正，切忌宽衣解带、摇头摆脑、满脸油汗、响声大作。主人可以劝客人品尝某道菜肴，但不应该擅自为客人夹菜，否则可能会给对方带来困扰。

（2）夹菜时，应使用公筷、公勺，适量取用，且应待餐桌转盘将自己喜爱的菜肴转到自己面前后再夹菜，不要起身夹取远处的菜。多人取菜时，应注意相互礼让，依次进行。

（3）用餐时应闭嘴咀嚼、小口进食、姿态优雅，不要大口狂塞或发出声响。若要打喷嚏或咳嗽，则应马上扭头面向一侧，并用餐巾掩住口鼻。若发出不自主的声音（如打嗝、打喷嚏、肠鸣等），则应向同桌的用餐者表达歉意。

（4）用餐过程中应适时地与在场的用餐者交谈。交谈时，应注意选择愉快的话题。但应注意，正在咀嚼食物时应当避免与他人说话；他人在咀嚼食物时，应避免与之交谈。

（5）用餐期间，不要当众修饰仪容，若需要梳理头发、化妆或补妆等，则应去化妆间或洗手间进行。

四、饮酒礼仪

（一）斟酒

服务员斟酒时，应向其道谢，但不必拿起酒杯。有时，主人为了表示敬重客人，会亲自为客人斟酒。主人亲自斟酒时，客人应双手端起酒杯（见图 11-7），必要时还应起身站立或欠身点头致意。

主人斟酒时应注意以下几点：

（1）一视同仁。对于在座的客人一视同仁，按照一定顺序依次为其斟酒，而不可挑拣着进行。

（2）讲究顺序。斟酒时可按照先职位高者、后职位低者或先年长者、后年少者的顺序进行，也可以自己的座位为起点按顺时针方向进行。

（3）斟酒适量（见图 11-8）。对于白酒，应斟至九分满；对于啤酒，应斟至八分满；对于红葡萄酒，宜斟至酒杯的 1/3；对于白葡萄酒，宜斟至酒杯的 2/3；对于香槟酒，宜先斟至酒杯的 1/3，待酒中泡沫消退后，再续斟至七分满。

（4）注意身份。除主人与服务员外，其他客人一般不宜自行为他人斟酒。

图 11-7　双手端起酒杯

图 11-8　适量斟酒

（二）敬酒

敬酒也称“祝酒”，是指在正式宴会上由主人向客人提议，共同举杯饮酒的行为。举杯敬酒可使宴会现场的气氛热烈而欢快。

敬酒时，通常要讲一些祝福的话，这种话语称为“祝酒词”。在正式宴会上，主人和主宾通常会郑重地发表祝酒词。祝酒词应当精练简短，切不可太过冗长。发表祝酒词时应起身站立，右手端起酒杯，或者用右手拿起酒杯并以左手托扶杯底，面带微笑，口诵祝词，如祝对方身体健康、工作顺利、事业成功、双方合作成功等。

他人敬酒并发表祝酒词时，在场的客人应暂停用餐或饮酒，端正坐姿，面向敬酒者，认真听其讲祝酒词，并给予适当的回应；切勿嘲笑他人的敬酒行为或表现出不屑、反感的神情。

（三）拒酒

在用餐过程中，不会饮酒或不打算饮酒的人可以婉言谢绝他人的敬酒。拒酒时可以说明自己不能饮酒的客观原因或者主动以其他饮料代酒。切忌在他人为自己斟酒时又躲又藏、乱推酒瓶、倒扣酒杯，也不可在斟完酒后将杯中的酒偷偷倒掉或倒入他人杯中。

实践训练

中式晚宴小剧场

任务概述

以北京东升原公司市场部总监韩云宴请南京三新胜公司谈判代表团为实训背景，确定宴请形式为中式宴请。

请同学们以小组为单位，帮助小叶准备此次晚宴。同时，分角色扮演两方公司的谈判代表，出席此次晚宴。

任务分组

全班学生以8～10人为一组进行分组，各组选出组长并进行任务分工，将小组成员及分工情况填入表11-1。

表11-1　小组成员及分工情况

班级________　　组号________　　指导教师________

小组成员	姓名	学号	组员职责
组长			
组员			

任务准备

（1）回忆所学知识，熟悉电话礼仪、接待礼仪、宴请准备礼仪、赴宴礼仪，以及中式宴请的桌次和座次礼仪，掌握中餐的餐具使用礼仪和就餐礼仪。

（2）准备圆桌和中餐餐具。

任务实施

以小组为单位开展情景模拟，确定活动开展时间（具体日期、时间段），并将具体实施情况记录在表11-2中。

表11-2　实施情况记录表

时间安排	实施步骤
	1. 开展小组讨论，创作情景演练剧本 （设计人物角色、对话等。） 情景一　与餐厅沟通 （选定餐厅，并打电话与餐厅进行沟通，确定时间、人数。） 情景二　宴会通知 （与三新胜公司谈判代表确认晚宴的时间与地点。）

续表

时间安排	实施步骤
	情景三　餐厅迎候 （东升原公司市场部总监韩云率参与此次谈判的员工在餐厅迎候三新胜公司的谈判代表。） 情景四　礼貌入座 （注意座次与席间交流。） 情景五　文明用餐 （正确使用餐具，遵守就餐礼仪规范。）
	2．布置晚宴场所 （座次安排、餐具摆放等。）
	3．进行个人形象准备 （仪容修饰和服饰搭配。）
	4．开展情景演练，并通过视频记录情景演练全过程
	5．回看视频，了解自己在此次情景演练中有哪些礼仪运用不到位的地方，并记录在下方

评价反馈

各组配合指导教师完成如表 11-3 所示的考核评价表。

表 11-3　考核评价表

项目名称	评价内容	分值	评价分数		
			自评	互评	师评
知识与技能考核 60%	熟知宴请的准备礼仪，能够在情景模拟中提前确定好餐厅，并及时进行宴请通知	20 分			
	掌握仪容修饰和服饰搭配的要点，能够正确进行面部修饰，并为自己搭配适合参加晚宴的服饰	20 分			
	掌握赴宴礼仪、中餐的餐具使用礼仪和就餐礼仪，在情景模拟中能够做到正确使用餐具，文明就餐	20 分			
成果考核 20%	剧本情节合理，逻辑清晰，具有可实施性	10 分			
	视频拍摄清晰、流畅，完整记录情景演练过程	10 分			
综合素质考核 20%	积极实施任务	5 分			
	具备良好的团队合作意识	5 分			
	善于反思、总结，人际沟通能力良好	10 分			
合计		100 分			
总评	自评（20%）+互评（20%）+师评（60%）=	教师（签名）：			

专题十二　繁而有序讲规则——西式宴请礼仪

情景案例

西餐的学问

张明是新鸿贸易公司的业务经理。一次，他代表公司出席一家公司的周年庆典。庆典活动结束后，这家公司的总经理邀请几位重要宾客吃西餐。

用餐前，张明为了显示自己在餐饮方面很讲究，就用餐盘上那块“很精致的布”仔细地擦了擦自己的刀叉。总经理看到这一幕后，先是一愣，随后马上叫来服务员，让其立即为张明更换一套餐具。在使用更换的餐具前，张明又拿起那块“很精致的布”将刀叉擦了一遍，并迅速使用刀叉切割起盘里的菜肴来。总经理没再说什么，但显露出不悦的神情，而张明并没注意到这一点。

在用刀叉切割菜肴时，张明总是使刀叉和餐盘碰出声响，显得费劲又辛苦。用餐结束后，张明感觉很舒畅，觉得总算没给公司丢脸，便用那块“很精致的布”擦了擦脸上的汗，并随手将其挂在椅背上。事后经人提醒，张明才意识到当天在西餐桌上出了丑，顿时感到无地自容。

思考

张明在西餐桌上有哪些失礼的行为？

在商务活动中，为了照顾外国客人的饮食习惯，有时也用西餐来招待客人。因此，商务人员有必要学习相应的西餐礼仪知识，具体包括西式宴请的座次礼仪、西餐餐具的使用和摆放礼仪及西餐就餐礼仪。

一、座次礼仪

西餐宴会的席位排列主要是座次问题，在排列时，通常需遵循以下原则：

（1）女士优先。在西餐礼仪里，女士处处受尊重，尤其是安排家宴时，一般女主人为第一主人，在主位就座；而男主人为第二主人，在第二主人的位置上就座。

（2）以右为尊。就某一具体位置而言，右侧之位要高于左侧之位。例如，在排列西餐席位时，应安排男主宾坐在女主人右侧，安排女主宾坐在男主人右侧。

（3）面门为上。以餐厅门作为参照物时，面对餐厅正门的位子要高于背对餐厅正门的位子。

（4）近高远低。距离主位近的位置要高于距离主位远的位置。

（5）交叉排列。排列席位时，男女应当交叉排列，熟人和生人也应当交叉排列。一个就餐者的对面和两侧往往是异性或不熟悉的人，这样可以广交朋友。

西餐的餐桌一般是用长桌或方桌。使用长桌时的座次排列如图 12-1 所示；使用方桌时的座次排列如图 12-2 所示。

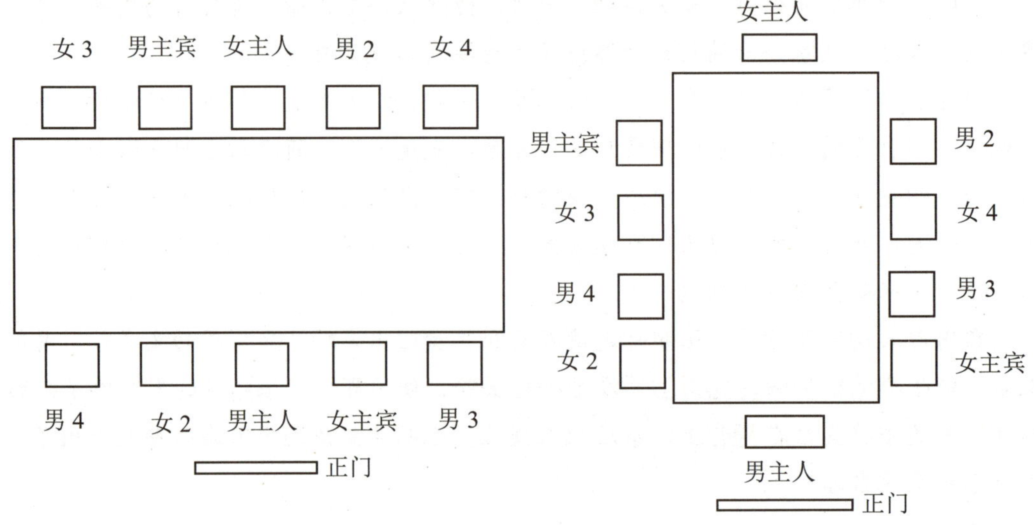

图 12-1　长桌的座次排列

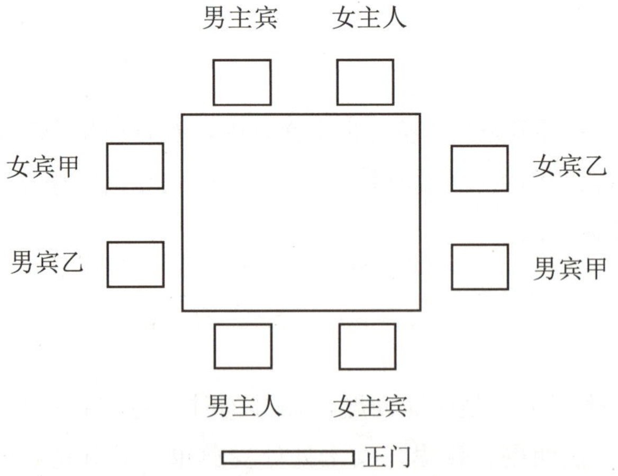

图 12-2　方桌的座次排列

二、餐具摆放和使用礼仪

西餐餐具一般包括刀、叉、匙、盘、杯和餐巾。其中，刀分为肉刀、鱼刀、沙拉刀、黄油刀等，叉分为肉叉、鱼叉、甜点叉、沙拉叉等，匙分为汤匙、甜品匙等，盘分为垫盘（用于切割或盛放食物的盘）和甜点盘，杯分为红葡萄酒杯、白葡萄酒杯和水杯。

（一）西餐餐具的摆放礼仪

西餐餐具的种类和数量较多，餐具的摆放也十分讲究。通常，餐具应按如下规则摆放：

垫盘放在餐位的正中间；叠好的餐巾放在垫盘上；垫盘的左侧纵向放叉，叉齿向上，右侧纵向放刀和汤匙，刀刃朝向垫盘，匙心向上；叉的左侧纵向放甜点盘和黄油刀，刀刃朝向垫盘；垫盘的正前方横向摆放甜品匙和甜点叉，匙柄朝右，叉柄朝左；垫盘的右前方斜向摆放 3 只杯子，从右到左依次为白葡萄酒杯、红葡萄酒杯和水杯，有时也可为香槟酒杯、葡萄酒杯和水杯。

整套西餐餐具的摆放位置及顺序如图 12-3 所示。

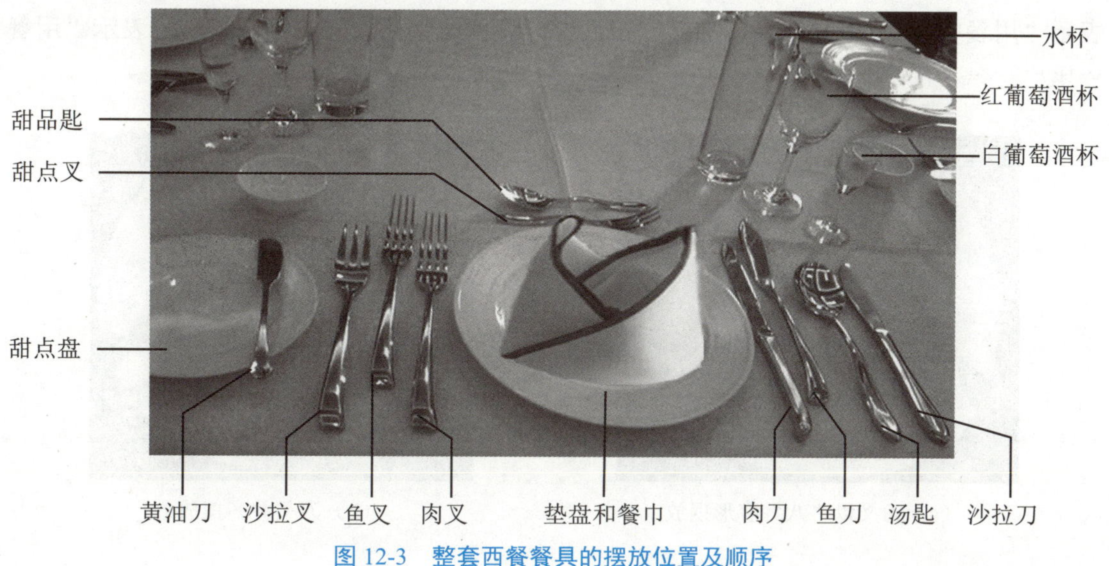

图 12-3　整套西餐餐具的摆放位置及顺序

（二）西餐餐具的使用礼仪

西餐刀叉的使用方法

1. 刀叉的使用

（1）使用顺序。使用刀叉时，应从外侧向内侧取用。

（2）刀叉持法。左手持叉，右手持刀。左手捏住叉柄，伸直食指，按住餐叉的背部。餐刀的持法与餐叉基本相同，此外应注意用拇指与中指紧紧地捏住刀柄与刀刃的接合处，如图 12-4 所示。

图 12-4　持刀叉的基本姿势

（3）刀叉用法。用餐时，先用餐叉将食物按住，然后用餐刀将食物切成小块，再用餐叉将小块食物送入口中。切割食物时，要双肘下沉，不要弄出声响。

（4）刀叉信息。刀叉除了可以切割、取食外，还可以传递“用餐中”或“用餐完毕”的信息（见图 12-5）：将刀叉放在盘子中间或者边沿，摆成“八”字形，注意刀刃朝内，表示“用餐中”；将刀叉并齐，平行放在盘中，刀柄和叉柄均向右侧倾斜，则表示“用餐完毕”。

（a）刀叉以“八”字形摆放

（b）刀叉并齐摆放

图 12-5　刀叉信息

2．餐匙的使用

西餐中的餐匙主要指汤匙、甜品匙和咖啡匙。汤匙、甜品匙、咖啡匙分别用于饮汤、取甜品、搅拌咖啡，三者不可混用。不可用汤匙和甜品匙舀取主食或菜肴。

3．餐巾的使用

用餐前，应将餐巾打开，沿对角线折成三角形或平行对折成长方形，平铺在双腿上，并将折口朝外，以便拿起来擦拭嘴巴，如图 12-6 所示。切勿将餐巾围在脖子上、掖在裤腰上或放在其他地方。不能用餐巾擦汗、擦脸或擦鼻涕，更不能用其擦拭餐具或餐桌。

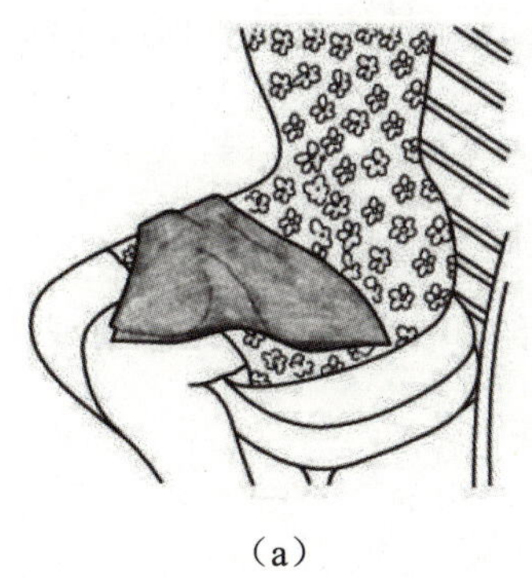

（a）

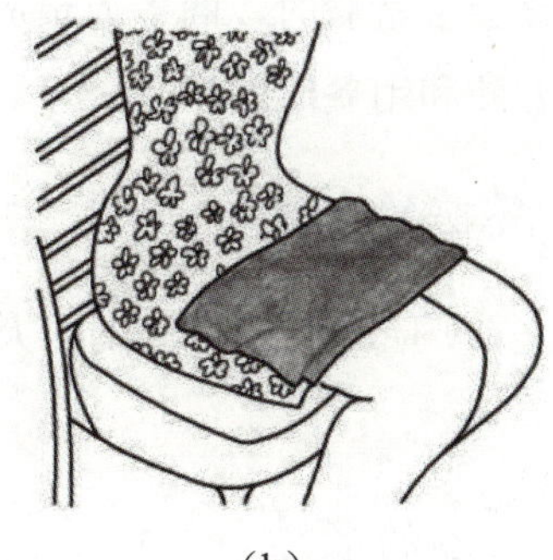

（b）

图 12-6　餐巾的折叠样式

用餐期间暂时离席时，应将餐巾放在自己的座位上，以示稍后会继续用餐，如图 12-7 所示。切忌把餐巾挂在椅背上或揉成一团放在餐桌上。用餐结束后，可将餐巾放在餐桌上，以示停止用餐，如图 12-8 所示。

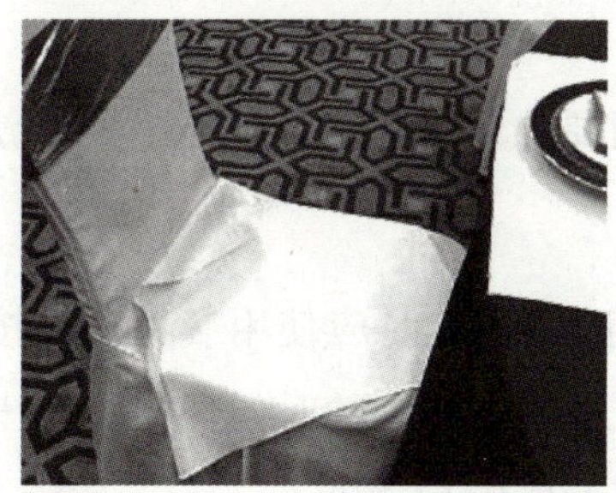

图 12-7　暂时离席

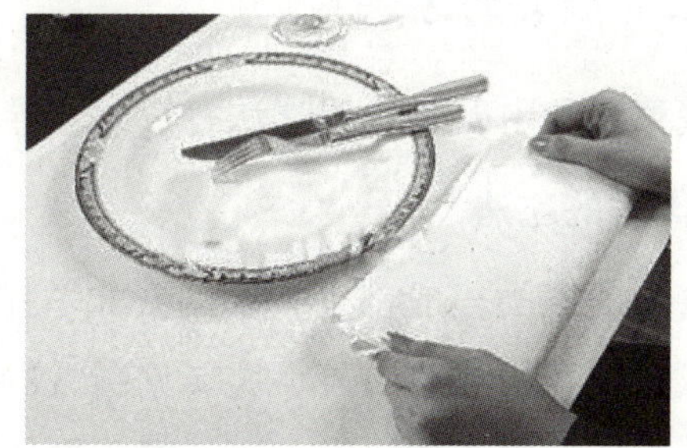

图 12-8　停止用餐

4. 杯子的使用

西餐中的 3 只杯子用于盛装不同的饮品，可从外侧向内侧依次使用，也可以跟随主人的选择来使用。在使用高脚的葡萄酒杯品酒时，应手持杯柱部分饮酒，而不能用手捧住杯腹，以免手温破坏酒的口感。

知识拓展

西餐上餐礼仪

西餐的上餐礼仪主要是指上餐的顺序。一般情况下，西式宴会全套餐点的上餐顺序如下：开胃菜（前菜）、汤、鱼或面包（副菜）、肉（主菜）、蔬菜沙拉或奶酪、甜点和咖啡。

三、就餐礼仪

在西式宴会上就餐时，商务人员应当注意就餐礼仪，具体包括餐前的交流、入座的顺序、进食的方法和用餐时的举止。

（一）餐前的交流

在进餐之前，应尽可能与周围的人相互问候、介绍和交流，以联络感情或认识新朋友，切勿沉默不语。

（二）入座的顺序

当主人邀请入座时，在场的人员应按顺序入座。一般情况下入座顺序如下：女士、职位高者、长辈先入座，男士、职位低者、晚辈后入座。当女士入座时，男士通常应走上前去将她们的坐椅稍向后搬，待其将要坐下时，再将椅子稍向前推。

（三）进食的方法

西餐菜肴和中餐菜肴的吃法有较大差异，下面简要介绍常见的西餐菜肴的吃法。

1. 肉类的吃法

西餐中的肉类一般都是大块的（如羊排、牛排等）。吃肉时应使用餐叉将肉按住，再用餐刀从左侧开始将肉切成小块（见图 12-9），边切边吃。切肉的时候，不宜发出声响，也不宜一次性将肉全部切成小块，以免肉汁过早流出而影响口感。

图 12-9　肉的吃法

2．鱼的吃法

吃全鱼时，先用刀叉将鱼的头、尾、鳍切除，再吃鱼肉。吃鱼肉时，应由左向右边切边吃，吃完鱼肉的上层后，用刀叉剔掉鱼骨，再吃下层，切勿翻动鱼身。

3．汤的喝法

手握汤匙柄由内向外舀汤。舀汤时将汤量控制在汤匙的七分满即可，不能舀得太满。

喝汤时，将汤匙的底部放于下唇之上，倾斜汤匙，将汤送入口中。喝汤时应以汤匙就口，而不要以口就汤匙；不要用力吸汤并发出声响，也不要舔汤匙。

盘中的汤只剩少许时，不可直接端起盘子喝汤，而应将盘子稍微倾斜，用汤匙轻轻地舀起来喝，注意不要让汤匙刮到盘底并发出声响。喝完汤后，将汤匙直接放在汤盘下的餐盘上，凹面朝上，而不要把汤匙放在桌布上。

4．面包的吃法

吃面包时，先用手撕下一小块，再送入口中，切忌直接用嘴咬面包。对于用来蘸面包的黄油或果酱等，应使用专用的黄油刀挖取并抹在撕下的面包块上，然后将面包送入口中。

5．酒的喝法

喝酒时，应先轻轻摇动酒杯，闻一闻酒的醇香，然后倾斜酒杯小口地轻轻喝，切勿吸着喝或者一饮而尽。同时，应避免边喝边透过酒杯看人、边吃东西边喝酒，或者拿着酒杯边说话边喝酒。

若要举杯庆祝，应由主人提议，而不可由客人提议。

6．水果的吃法

吃苹果、梨等水果时，应先用刀将其切成 4～6 片，然后去皮与核，再用餐叉取食，而不要拿起整只水果咬着吃。吃香蕉时应先将其剥皮并放在盘中，然后用餐刀切成片，再用餐叉取食，而不要拿着整根香蕉咬着吃。

7．咖啡的喝法

喝咖啡时，应先往咖啡杯里加入少许糖和牛奶。糖有砂糖和方糖之分。加砂糖时，用咖啡匙舀取适量砂糖直接放入杯中；加方糖时应先用糖夹将方糖夹到咖啡碟上，再用咖啡匙取方糖放入杯中，如图 12-10 所示。在加入糖和牛奶之后，先用咖啡匙搅匀咖啡，然后将咖啡匙放在碟子的左边，再用食指和大拇指端起咖啡杯饮用，如图 12-11 所示。

需要注意的是，喝咖啡时，不要让咖啡匙留在杯子里，也不要用咖啡匙舀起咖啡饮用。喝完咖啡后应将咖啡匙放在咖啡碟里。

图 12-10　加方糖

图 12-11　端咖啡的姿势

（四）用餐时的举止

吃西餐时，应坐姿端正，不可伸腿或跷起二郎腿，也不可将胳膊肘放到餐桌上，更不可频频晃动身体，如图 12-12 所示。用餐时，不能把刀叉伸进嘴里，也不能拿着刀叉挥舞或做手势。在用餐的过程中，可以与周围的人相互交谈，但不可大声喧哗，也不可抽烟。

（a）正确坐姿

（b）错误坐姿

图 12-12　吃西餐时的举止

实践训练

西式晚宴小剧场

任务概述

以北京东升原公司市场部总监韩云宴请南京三新胜公司谈判代表团为实训背景，确定宴请形式为西式宴请。

请同学们以小组为单位，帮助小叶准备此次晚宴。同时，分角色扮演两方公司的谈判代表，出席此次晚宴。

任务分组

全班学生以 8～10 人为一组进行分组，各组选出组长并进行任务分工，将小组成员及分工情况填入表 12-1。

表 12-1　小组成员及分工情况

班级＿＿＿＿＿＿　　组号＿＿＿＿＿＿　　指导教师＿＿＿＿＿＿

小组成员	姓名	学号	组员职责
组长			
组员			

任务准备

（1）回忆所学知识，掌握电话礼仪、接待礼仪、宴请准备礼仪、赴宴礼仪，以及西式宴请、就餐礼仪。

（2）准备长桌和西餐餐具。

任务实施

以小组为单位开展情景模拟，确定活动开展时间（具体日期、时间段），并将具体实施情况记录在表 12-2 中。

表 12-2　实施情况记录表

时间安排	实施步骤
	1．开展小组讨论，创作情景演练剧本 （设计人物角色、对话等。） 情景一　与餐厅沟通 （选定餐厅，并打电话与餐厅进行沟通，确定时间、人数。） 情景二　宴会通知 （与三新胜公司谈判代表确认晚宴的时间与地点。） 情景三　餐厅迎候 （东升原公司市场部总监韩云率参与此次谈判的员工在餐厅迎候三新胜公司的谈判代表。）

续表

时间安排	实施步骤
	情景四　礼貌入座 （注意座次与席间交流。） 情景五　文明用餐 （正确使用餐具，遵守就餐礼仪规范。）
	2．布置晚宴场所 （座次安排、餐具摆放等。）
	3．进行个人形象准备 （仪容修饰和服饰搭配。）
	4．开展情景演练，并通过视频记录情景演练全过程
	5．回看视频，了解自己在此次情景演练中有哪些礼仪运用不到位的地方，并记录在下方

评价反馈

各组配合指导教师完成如表 12-3 所示的考核评价表。

表 12-3　考核评价表

<table>
<tr><th rowspan="2">项目名称</th><th rowspan="2">评价内容</th><th rowspan="2">分值</th><th colspan="3">评价分数</th></tr>
<tr><th>自评</th><th>互评</th><th>师评</th></tr>
<tr><td rowspan="3">知识与技能考核 60%</td><td>掌握宴请的准备礼仪，能够在情景模拟中提前确定好餐厅，并及时进行宴请通知</td><td>20 分</td><td></td><td></td><td></td></tr>
<tr><td>掌握仪容修饰和服饰搭配的要点，能够正确进行面部修饰，并为自己搭配适合参加晚宴的服饰</td><td>20 分</td><td></td><td></td><td></td></tr>
<tr><td>掌握赴宴礼仪、西餐的餐具摆放和使用礼仪、西餐就餐礼仪，在情景模拟中能够做到正确使用餐具，文明就餐</td><td>20 分</td><td></td><td></td><td></td></tr>
<tr><td rowspan="2">成果考核 20%</td><td>剧本情节合理，逻辑清晰，具有可实施性</td><td>10 分</td><td></td><td></td><td></td></tr>
<tr><td>视频拍摄清晰、流畅，完整记录情景演练过程</td><td>10 分</td><td></td><td></td><td></td></tr>
<tr><td rowspan="3">综合素质考核 20%</td><td>积极实施任务</td><td>5 分</td><td></td><td></td><td></td></tr>
<tr><td>具备良好的团队合作意识</td><td>5 分</td><td></td><td></td><td></td></tr>
<tr><td>善于反思、总结，人际沟通能力良好</td><td>10 分</td><td></td><td></td><td></td></tr>
<tr><td colspan="2">合计</td><td>100 分</td><td></td><td></td><td></td></tr>
<tr><td>总评</td><td>自评（20%）+互评（20%）+师评（60%）=</td><td colspan="4">教师（签名）：</td></tr>
</table>

专题十三　取用餐食有尺度——自助餐会礼仪

情景案例

周小姐的尴尬

周小姐是恒利公司的业务代表。一次，她代表公司去参加一家合作公司的周年庆典活动。正式的庆典活动结束后，这家公司邀请全体来宾享用自助餐。

周小姐在此之前没参加过正规的自助餐会。用餐开始后，她发现其他用餐者都表现得非常随意，便模仿别人“随意”起来。令周小姐开心的是，自助餐会上的很多食物都是自己爱吃的。于是，她便毫不客气地将自己喜爱的各种食物盛了满满一盘。当时，她心想：这些食物虽然好吃，但不方便三番两次地取用，否则旁人可能会嘲笑自己没见过世面；再说，如果不多取一些，不久之后美味的食物可能就被取完了。

令周小姐尴尬的是，当她端着盛满了美食的盘子从餐台边离去时，发现周围的人都用异样的眼神看着自己。事后经打听，周小姐才知道，自己当时的所作所为是有违自助餐礼仪的。

思考

你知道参加自助餐会时应遵守哪些礼仪规范吗？

自助餐会又称冷餐会，是指不预备正餐，而只准备些冷食和适量的热菜，由就餐者在既定的范围内自己动手选用菜肴，然后或坐或立，自由用餐的非正式宴会。自助餐会礼仪是指安排或享用自助餐的过程中所需遵守的礼仪规范。

一、安排自助餐会的礼仪

安排自助餐会的礼仪是指主办方在筹办自助餐会时的礼仪规范。筹办自助餐会一般包括安排就餐时间、安排就餐地点、准备食物和招待客人等。

（一）安排就餐时间

按照惯例，自助餐会通常被安排在各种正式的商务活动之后，作为正式商务活动的附属环节。自助餐会主办方可根据正式商务活动的时间来灵活安排自助餐会就餐时间，但通常不安排在晚间。

（二）安排就餐地点

自助餐会的就餐地点不必像正式宴会那样，只要能容下全部就餐人员，又能为就餐人员提供足够的交际空间即可。通常，自助餐会的就餐地点可选在主办方所拥有的大型餐厅、露天花园、小型广场之内，也可外租、外借类似的场地，如专营性的自助餐店、星级酒店等。

在安排就餐地点时，应注意以下几方面事项：

❖ 提供足够的活动空间。自助餐会的就餐地点除了具有摆放菜肴的区域外，还应具有一块面积足够大的用餐区域，该区域应能容下所有的就餐者，且不显得拥挤或狭小。

❖ 提供足够的桌椅。尽管自助餐会提倡就餐者自由走动、立而不坐，但不少就餐者仍期望在就餐期间能有一个歇脚之处。因此，就餐地点应提供一定数量的餐桌与座椅，供就餐者使用。若就餐地点在室外，则应提供适量的遮阳伞。

❖ 环境宜人。就餐地点应洁净卫生、温度及湿度适宜、明亮舒适，而不可散发异味、过冷或过热、空气不畅或者黑暗拥挤，否则会影响就餐者的食欲及其对自助餐会的整体评价。

（三）准备食物

一般而言，自助餐的食物应以冷食为主，品种应丰富多样。具体而言，自助餐的食物可以包括冷菜、汤、热菜、甜品、茶点、酒水、水果等多种类型。

主办方在准备自助餐食物时，应根据就餐者的喜好、习惯等具体情况在食物品种安排上有所侧重，如使食物以甜品为主、以茶点为主或者以酒水为主，并酌情安排一些时令菜肴或特色菜肴等。准备食物时，务必根据就餐者的人数提供足量的食物，保证食物干净卫生，并注意热菜、热饮的保温问题。

（四）招待客人

自助餐会正式举办时，主办方应热情周到地招待客人，具体应做到以下几个方面：

1. 照顾好主宾

在自助餐会上，主人必须照顾好主宾，如为其拿取餐具或饮料、陪同其就餐、与其进行适当地交流等。但同时应注意给主宾留一些自由活动的时间，不要时刻伴随其左右。

2. 充当引见者

就餐期间，主人应尽可能地为彼此不相识的客人创造一些相识的机会，并积极地为其牵线搭桥，充当引见人。

3. 安排服务员

在小型的自助餐会上，主人往往可以兼任服务员。但在大型的自助餐会上，主人应当为客人安排足够数量的服务员，以便为众多就餐的客人提供便利的服务。

二、享用自助餐的礼仪

享用自助餐的礼仪，主要是指以就餐者的身份参加自助餐会时所需遵循的礼仪规范，其内容主要涉及以下几个方面：

（一）按序取食

若用餐的人较多，则必须自觉地排队取餐，切忌乱挤、乱抢或插队。取餐时，应使用公用餐具将食物盛入餐盘，而不要用自己的餐具取用或直接用手取用。取餐后应迅速离去，不要在众多食物面前犹豫不决或者在取餐时挑挑拣拣，等等。

取餐前应事先了解一下菜品信息（见图 13-1），然后可按照冷菜、汤、热菜、点心、甜品和水果的先后顺序有所选择地取用。

图 13-1　自助餐菜品

（二）少取多次

在自助餐会上，食物的品种繁多、数量充足，通常能够保证供应，用餐者可以自由取用自己喜爱的食物。在自助餐会上浪费食物是绝对不允许的。因此，用餐者在取用食物时应量力而行，做到每次少取，吃完再取，切忌一次性取用大量的食物。

（三）积极交际

在自助餐会上，吃东西属于次要之事，与他人进行适当的交际才是主要任务。因此，每位用餐者都应当主动寻找交谈机会，积极地参与交际活动，不能只顾享用美食，而不与其他用餐者进行任何形式的正面接触。

在自助餐会上创造交谈机会的具体方法如下：① 请求主人引见；② 毛遂自荐，自己主动加入陌生的交际圈；③ 寻找机会加入熟人的交际圈。

（四）避免外带

无论是主人亲自操办的自助餐会，还是专营店操办的自助餐会，都不允许用餐者往外带食物。作为宾客的用餐者一定要牢记“避免外带”的用餐规则，千万不要有“打包”的想法和做法，否则会贻笑大方。

（五）送回餐具

自助餐强调用餐自助，所以用餐者除了取餐自助以外，还应在用餐结束后自觉地将餐具放到指定地点，切不可任由餐具一片狼藉。

政策引领

从道德到法律，反食品浪费是件大事

2021 年 4 月 29 日，第十三届全国人民代表大会常务委员会第二十八次会议表决通过《中华人民共和国反食品浪费法》，防止食品浪费从此有法可依。

节约粮食，为何动用治国重器？

有人也许会疑惑，节约粮食是传统美德，属于个人道德修养范畴，为何要动用法律这一治国重器加以规定？

米粒虽小，尤见礼义廉耻；节约事微，可助兴国安邦。

随着人口规模的扩大和城镇化的推进，未来我国粮食消费依然将保持刚性增长趋势。2020年，一份全国人民代表大会常务委员会专题调研组发布的调研报告显示，我国每年粮食储藏、运输、加工环节损失量高达350亿千克以上，而消费环节中，仅城市餐饮每年食物浪费量就超过170亿千克。

粮食减损降耗和防止粮食浪费，是保障国家粮食安全、推动可持续发展的必然要求。将实践中行之有效的政策措施上升为法律规定，明确各相关主体的责任，建立反食品浪费的长效机制，发挥法律的引领和规范作用……这就是反食品浪费法的最大意义。

立法规范，法律条文如何写？

防止食品浪费，既涉及食品生产流通销售，也直接关系百姓日常生活。法律条文怎么写，很有讲究。

反食品浪费法立法过程中，立法机关开展专题调研、广泛征求各方意见、充分吸纳合理建议。总的来说，就是要为全社会确立餐饮、日常食品消费的基本行为准则。

例如，针对公众反映强烈的餐饮行业突出问题，这部法律详细规定了餐饮服务经营者应当采取的防止食品浪费的措施，同时也对某些商家诱导、误导超量点餐等行为作出明确处罚。

对于政府部门，法律除了规定反食品浪费工作的牵头部门和有关执法主体，还对公务活动用餐作出明确规定，要求根据实际情况，节俭安排用餐数量、形式，不得超过规定的标准。

对于普通民众个人，法律除了提出树立文明、健康、理性、绿色的消费理念，倡导合理点餐、取餐，还通过奖励参与“光盘行动”的消费者、对点餐浪费收取厨余垃圾处理费等规定，让大家感到实实在在的触动。

循规于法，反食品浪费怎样落地？

反食品浪费是全社会的责任，厉行节约必然任重道远。

“居安思危，戒奢以俭。”在中华民族的精神文脉中，勤俭节约既是个人修身养性的美德，更与国家、民族的命运紧密相连。经济社会快速发展、生活水平稳步提升，勤俭节约依然是我们的“传家宝”。

法律是成文的道德，道德是内心的法律。反食品浪费已经有法可依，但更需要每个人在思想认识层面和日常生活习惯入手，以法律为遵循、以美德为指引，刹住大手大脚浪费之风，树立正确的食品消费理念。

实践训练

自助晚宴小剧场

任务概述

以北京东升原公司市场部总监韩云宴请南京三新胜公司谈判代表团为实训背景，确定宴请形式为自助餐会。

请同学们以小组为单位，帮助小叶准备此次晚宴。同时，分角色扮演两方公司的谈判代表，出席此次晚宴。

任务分组

全班学生以8～10人为一组进行分组，各组选出组长并进行任务分工，将小组成员及分工情况填入表13-1。

表13-1　小组成员及分工情况

班级＿＿＿＿＿＿＿＿　　组号＿＿＿＿＿＿＿＿　　指导教师＿＿＿＿＿＿＿＿

小组成员	姓名	学号	组员职责
组长			
组员			

任务准备

回忆所学知识，掌握电话礼仪、接待礼仪、宴请准备礼仪、赴宴礼仪，以及安排自助餐会的礼仪和享用自助餐的礼仪。

任务实施

以小组为单位开展情景模拟，确定活动开展时间（具体日期、时间段），并将具体实施情况记录在表13-2中。

表 13-2　实施情况记录表

时间安排	实施步骤
	1．开展小组讨论，创作情景演练剧本 （设计人物角色、对话等。） 情景一　与餐厅沟通 （选定餐厅，并打电话与餐厅进行沟通，确定时间、人数。） 情景二　宴会通知 （与三新胜公司谈判代表确认晚宴的时间与地点。） 情景三　餐厅迎候 （东升原公司市场部总监韩云率参与此次谈判的员工在餐厅迎候三新胜公司的谈判代表。） 情景四　文明用餐 （正确使用餐具，遵守就餐礼仪规范，注意席间交流。）

续表

时间安排	实施步骤
	2．布置晚宴场所
	3．进行个人形象准备 （仪容修饰和服饰搭配。）
	4．开展情景演练，并通过视频记录情景演练全过程
	5．回看视频，了解自己在此次情景演练中有哪些礼仪运用不到位的地方，并记录在下方

评价反馈

各组配合指导教师完成如表 13-3 所示的考核评价表。

表 13-3　考核评价表

项目名称	评价内容	分值	评价分数		
			自评	互评	师评
知识与技能考核 60%	掌握宴请的准备礼仪，能够在情景模拟中提前确定好餐厅，并及时进行宴请通知	20 分			
	掌握仪容修饰和服饰搭配的要点，能够正确进行面部修饰，并为自己搭配适合参加晚宴的服饰	20 分			
	掌握享用自助餐的礼仪，在情景模拟中能够做到正确使用餐具，文明就餐	20 分			
成果考核 20%	剧本情节合理，逻辑清晰，具有可实施性	10 分			
	视频拍摄清晰、流畅，完整记录情景演练过程	10 分			
综合素质考核 20%	积极实施任务	5 分			
	具备良好的团队合作意识	5 分			
	善于反思、总结，人际沟通能力良好	10 分			
合计		100 分			
总评	自评（20%）+互评（20%）+师评（60%）=	教师（签名）：			

参考文献

[1] 金正昆. 礼仪金说：商务礼仪 [M]. 北京：北京联合出版公司，2013.

[2] 孙金明，王春凤. 商务礼仪实务 [M]. 北京：人民邮电出版社，2019.

[3] 吕艳芝，徐克茹. 商务礼仪标准培训 [M]. 4 版. 北京：中国纺织出版社，2019.

[4] 王计云，段彦辉，光昕. 商务礼仪 [M]. 北京：首都师范大学出版社，2019.

[5] 金正昆. 商务礼仪教程 [M]. 6 版. 北京：中国人民大学出版社，2019.

[6] 杨丽. 商务礼仪 [M]. 3 版. 北京：清华大学出版社，2021.

[7] 赵蓉. 商务礼仪 [M]. 北京：人民邮电出版社，2021.

[8] 王艳，王彦群. 国际商务礼仪 [M]. 北京：电子工业出版社，2017.

[9] 王艳，曾虹. 商务礼仪与沟通 [M]. 3 版. 北京：中国财政经济出版社，2021.